35 estratégias
**PARA DESENVOLVER A LEITURA
COM TEXTOS INFORMATIVOS**

M913e   Moss, Barbara
        35 estratégias para desenvolver a leitura com textos informativos / Barbara Moss, Virginia S. Loh ; tradução: Marcelo de Abreu Almeida ; revisão técnica: Magali Lopes Endruweit. – Porto Alegre : Penso, 2012.
        200 p. ; 23 cm.

        ISBN 978-85-63899-95-8

        1. Educação. 2. Prática pedagógica. 3. Leitura – Textos informativos. I. Loh, Virginia S. II. Título.

                                              CDU 37.02:02

Catalogação na publicação: Ana Paula M. Magnus – CRB 10/2052

BARBARA MOSS
Ph. D. Professora de Ensino e Alfabetização no Departamento
de Licenciatura da San Diego State University

VIRGINIA S. LOH
Professora na San Diego State University

35 estratégias
PARA DESENVOLVER A LEITURA COM TEXTOS INFORMATIVOS

Tradução
Marcelo de Abreu Almeida

Consultoria, supervisão e revisão técnica desta edição:
Magali Lopes Endruweit
Professora do Departamento de Letras Clássicas
e Vernáculas do Instituto de Letras da UFRGS.
Mestre e Doutora em Letras, Estudos da Linguagem, pela UFRGS.

2012

Obra originalmente publicada sob o título
35 Strategies fo Guiding Readers through Informational Texts, 1st Edition.
ISBN 9781606239261
©2010 The Guilford Press, a Division of Guilford Publications, Inc.
Direitos restritos ao território brasileiro.

Capa: *Márcio Monticelli da Silva*

Ilustração da capa: *iStockphoto*

Leitura final: *Maurício Pacheco Amaro*

Coordenadora editorial: *Mônica Ballejo Canto*

Gerente editorial: *Letícia Bispo de Lima*

Editoração eletrônica: *Formato Artes Gráficas*

Reservados todos os direitos de publicação, em língua portuguesa, à
PENSO EDITORA LTDA, uma empresa do Grupo A Educação S.A.
Av. Jerônimo de Ornelas, 670 – Santana
90040-340 Porto Alegre RS
Fone (51) 3027-7000 Fax (51) 3027-7070

É proibida a duplicação ou reprodução deste volume, no todo ou em parte, sob quaisquer formas ou por quaisquer meios (eletrônico, mecânico, gravação, fotocópia, distribuição na Web e outros), sem permissão expressa da Editora.

SÃO PAULO
Av. Embaixador Macedo Soares, 10.735 – Pavilhão 5 – Cond. Espace Center
Vila Anastácio – 05095-035 – São Paulo SP
Fone (11) 3665-1100 Fax (11) 3667-1333

SAC 0800 703-3444
IMPRESSO NO BRASIL
PRINTED IN BRAZIL
Impresso sob demanda na Meta Brasil a pedido de Grupo A Educação.

Sumário

Apresentação 7

Introdução 9

PARTE 1
Estratégias para **Começar**

Estratégia 1	Escolher textos informativos	15
Estratégia 2	Levantamento de interesse nos textos informativos	20
Estratégia 3	Ler textos informativos em voz alta	24
Estratégia 4	Leitura compartilhada com textos informativos e busca de características textuais	30

PARTE 2
Estratégias de **Prática**

Estratégia 5	Guia de antecipação	39
Estratégia 6	KWHL	43
Estratégia 7	Eu vejo... Eu me pergunto... Eu sei...	47
Estratégia 8	Previsão de conteúdo	52
Estratégia 9	Imagine, elabore, prediga e confirme	56

PARTE 3
Estratégias de **Vocabulário**

Estratégia 10	Mapa vocabular	63
Estratégia 11	Liste-agrupe-nomeie	67

Estratégia 12	Arranjo de palavras	72
Estratégia 13	Círculos conceituais	77
Estratégia 14	Análise de características semânticas	81
Estratégia 15	Frases possíveis	85

PARTE 4
Estratégias de **Compreensão**

Estratégia 16	Intervalo de três minutos	91
Estratégia 17	Marca páginas de *post-it*	97
Estratégia 18	Guia de discussão 4-3-2-1	101
Estratégia 19	Cartão de comentário com quatro quadros	106
Estratégia 20	Rede de discussão	114
Estratégia 21	Tabela de informações	119
Estratégia 22	Guia de estudo	123
Estratégia 23	Mapa semântico	127
Estratégia 24	Tabela de séries de eventos	132
Estratégia 25	Diagrama de Venn	137
Estratégia 26	Mapa de causa-efeito	141
Estratégia 27	Resumo de problema-solução	146

PARTE CINCO
Estratégias de **Escrita**

Estratégia 28	Eu lembro	153
Estratégia 29	Recontar por escrito	158
Estratégia 30	Teatro dos leitores	163
Estratégia 31	Jornal de duas colunas	167
Estratégia 32	Registo de aprendizagem	171
Estratégia 33	Estrutura de criação de parágrafos	175
Estratégia 34	Eu achava... Mas agora eu sei	180
Estratégia 35	Escrita de resumo	184
Apêndice	Materiais recomendados	189
Índice		197

Apresentação

Conforme a crescente diversidade linguística, cultural e socioeconômica em nossas escolas, os educadores continuam se comprometendo a implementar métodos de ensino que auxiliem o desenvolvimento coletivo e individual em suas salas de aula. E junto com o comprometimento dos professores, as escolas reconhecem a necessidade de apoiar e colaborar com eles em questões que tangem à implementação, à avaliação e à expansão dos métodos de ensino para garantir que todos os alunos terminem os estudos com as condições necessárias para obter sucesso no mercado de trabalho. Por meio de nosso trabalho com professores ao longo de todo os Estados Unidos, nós nos tornamos cientes da necessidade que há de livros que possam colaborar com os professores em suas séries e matérias de ensino. Com essas questões dos professores em mente, percebemos a necessidade de livros que estimulassem o ensino e o aprendizado "em tempo real" dentro das salas de aula.

Este livro oferece exemplos instrutivos que foram estudados e refinados dentro de autênticos ambientes escolares, e cada sugestão foi meticulosamente investigada para validar sua eficácia.

35 Estratégias para desenvolver a leitura com textos informativos, de Barbara Moss e Virginia S. Loh, contém exemplos de lições que auxiliam o aprendizado da leitura, da escrita e da interpretação de tópicos que abrangem todo o currículo – ou seja, sem textos de ficção. Conforme os educadores estão percebendo, a maioria dos alunos se torna muito proficiente em ler narrativas porque eles conseguem estabelecer conexões interessantes entre sua vida e a trama das histórias. Utilizando essas conexões, as autoras tomam textos interessantes da Era da Informação para criar lições de fácil acesso feitas especialmente para expandir vocabulário, compreensão e escrita para estudantes. As lições dão suporte à análise contrastiva de tópicos por parte dos alunos ao pedir-lhes que desenvolvam uma perspectiva crítica literária. Para auxiliar em estudos adicionais de temas semelhantes, as autoras também incluíram listas de textos e revistas de níveis similares.

Nós o convidamos a adentrar o mundo do ensino "em tempo real" oferecido nesse livro, e esperamos que você ache esta série útil para validar e expandir seu repertório de ensino.

Diane Lapp
Douglas Fisher

Introdução

Cada vez mais os professores descobrem o valor de usar literatura como suplemento para livros didáticos e auxílio para leitores iniciantes; tal literatura costuma ser encontrada na forma de livros em geral. Os professores usam esses livros na sala de aula com uma variedade de propósitos, incluindo leitura guiada, leitura compartilhada, leitura independente e/ou estudo de conteúdo. Na maior parte do tempo, contudo, os professores empregam textos de ficção (ou histórias) em vez de textos informativos. Histórias de ficção certamente são importantes; as estruturas narrativas são familiares aos alunos e oferecem acesso a informações específicas em formato narrativo. Além do mais, tais textos permitem horas de leitura de fruição tanto para adultos quanto para crianças.

No entanto, os tempos estão mudando. Os estudantes de hoje estão vivendo em uma era de informação, globalização e digitalização. Eles são constantemente bombardeados e rodeados de informações provenientes de uma variedade de fontes que vão além de livros e revistas. Esses textos têm algo importante em comum: seu propósito é informar o leitor. Essas fontes incluem a internet, a televisão/cabo, o rádio/*podcasts*, *sites* sociais, mensagens de texto, e-mails e muitas mais. A informação pode ser literalmente acessada das palmas de nossas mãos por meio de telefones celulares, que estão equipados para enviar e receber informações. Os estudantes de hoje estão na vanguarda das inovadoras tecnologias de comunicação. Então, o que tudo isso quer dizer para os professores em sala de aula?

A necessidade que os professores de hoje têm de envolver seus alunos, mesmo os das séries iniciais, na leitura de textos expositivos ou não narrativos é maior do que nunca. Conforme os estudantes passam de ano, a quantidade de leitura expositiva requerida torna-se cada vez maior.

Quando chegarem ao ensino médio, 90% do material de leitura dos alunos serão compostos de textos informativos e expositivos. E como adultos, também, a maioria do que lemos no trabalho e em casa é composto de textos expositivos. Para os alunos sobreviverem no mercado de trabalho na Era da Informação, eles devem ser capazes de ler a língua da informação: a exposição. A habilidade de adquirir informação da internet, por exemplo, depende da habilidade de ler e compreender exposição. Muito do material encontrado em testes padronizados é, por natureza, expositivo. Para os alunos terem sucesso nessas provas, eles precisam se expor a esse tipo de texto e compreender como ele funciona. Para que os alunos possam se tornar cidadãos responsáveis e líderes no futuro, eles devem aprender como pensar a respeito da informação que recebem e a utilizá-la da maneira adequada. Simplesmente saber localizar a informação não é o bastante. Seja na escola ou no local de trabalho, é imperativo que os estudantes sejam capazes de avaliar a veracidade das informações que acessam. Por esses motivos, gostaríamos de defender o uso de literatura crítica como o modelo de aprendizagem por meio de textos informativos.

Visto que os estudantes são inundados de informações, eles podem ter dificuldade de diferenciar entre o que é importante daquilo que é interessante, o que é "verdade" daquilo que é "verdade mesmo", e assim por diante. A informação pode ser tendenciosa, e, por causa disso, os estudantes precisam da habilidade de examinar criticamente as informações para determinar sua veracidade. Ensinar os alunos a ler e a compreender criticamente lhes dará conhecimento para tomar decisões melhores e ter opiniões mais bem embasadas, que é o grande objetivo de ensinar com textos informativos. A leitura crítica nos encoraja a examinar como pessoas e ideias são representadas e a investigar mensagens implícitas e/ou ocultas (Morgan, 1997). Boutte (2002) afirma que mesmo as crianças pequenas podem aprender a ser leitores críticos, "aprender a identificar e esclarecer perspectivas ideológicas nos livros" (p. 147). Muitos de nossos preconceitos podem ser resultado do acúmulo de mensagens tanto sutis quanto declaradas abertamente em livros, na mídia e em práticas instrutivas (Boutte, 2002); portanto, aprender a reconhecer questões de poder e de perspectiva assumindo uma perspectiva crítica é necessário. Ou seja, os professores seriam negligentes ao não estimular seus alunos a pensar, categorizar e definir crítica e construtivamente toda a informação que recebem.

Ao contrário do que se acredita, contudo, aprender por meio de textos informativos não é apenas um "doce amargo" que os alunos são obrigados a engolir para ter sucesso na escola. Estudos indicam que muitos alunos, na verdade, *preferem* ler textos informativos em vez de ficção. Com a incrível variedade de recursos informativos atraentes de hoje, envolver os alunos na leitura para o mundo real está mais fácil do que nunca. Independentemente das áreas de interesse do aluno, sejam os videogames, hip hop, rochas, tatuagens, dinossauros, armas medievais, o espaço sideral ou mesmo as artes, textos informativos podem estimular essa curiosidade e aprofundar sua compreensão e entendimento. Esses são os materiais que respondem nossas perguntas sobre o universo – sobre as pessoas, os lugares e as coisas que os estudantes encontram em sua vida diária. Frequentemente, contudo, nós não aproveitamos esse fascínio com fatos. Ao invés disso, enchemos nossas salas de aula com histórias – contos fantásticos e realistas – ignorando o potencial estímulo de ler esse tipo de informação.

Essa nova edição, revisada e expandida do *25 Strategies for Guiding Readers through Informational Texts* (Moss, 2003), foi feita para fornecer aos professores do ensino fundamental ao médio, um recurso prático para introduzir os usos de textos informativos na sala de aula. Como a edição anterior, esta foi redigida com o intuito de ajudar os professores a ensinar a seus alunos as estratégias necessárias para compreender estes textos. Contudo, essa edição difere da anterior de diversas maneiras. Em primeiro lugar, adicionamos 10 novas estratégias, chegando a um total de 35 estratégias. Em muitos casos, os exemplos desse livro são estratégias mais novas do que as incluídas no livro original. Além disso, tentamos criar um equilíbrio maior entre as estratégias apropriadas para alunos de diferentes séries. Por exemplo, acrescentamos diversas estratégias apropriadas para os alunos das séries iniciais, assim como mais estratégias para alunos do ensino médio. Além dessas mudanças, atualizamos os exemplos e demos mais ênfase à literatura crítica e à importância de se usar uma grande variedade de tipos de texto.

As estratégias nesse livro estão organizadas de acordo com os seguintes tópicos: Começando, Ganhando Prática, Vocabulário, Compreensão e Escrita. Um quadro pintado abaixo de cada estratégia indica o tópico a que se refere. Cada estratégia também está identificada pela sua série recomendada.

Um formato comum é usado para explorar cada uma das estratégias. Cada estratégia é explicada e descrita na seção "O que é isso?". A lógica por trás de cada estratégia está explicada na seção "Qual o seu propósito?", e procedimentos específicos para o uso da estratégia são explicados passo-a-passo na seção "O que eu faço?". A seção "Exemplo" descreve como a estratégia pode ser implementada na sala de aula com os alunos para a série específica, e uma lista de referências dá aos professores maiores informações sobre a estratégia. A seção final, "É com você!", dá explicações sobre como usar os formulários e os modelos reproduzidos, criados para uso dos alunos.

Ao final do livro, há um apêndice de materiais recomendados, incluindo livros gerais, mas que podem ser trabalhados com séries específicas. Nas estratégias, os livros primários foram categorizados com um P, e são dirigidos para alunos da 2ª à 4ª séries; os livros de nível intermediário foram categorizados com um I, e são dirigidos para alunos da 5ª à 7ª séries; os livros de nível médio foram categorizados com um M, e são dirigidos para alunos da 8ª à 9ª séries; e livros categorizados JA (Jovens Adultos) são apropriados para estudantes de ensino médio. O Apêndice também inclui uma lista de revistas internacionais para crianças e jovens adultos, assim como uma pequena listagem de *sites* informativos úteis.

A maioria das estratégias contidas neste livro pode ser usada com muitas das maravilhosas revistas estudantis disponíveis atualmente, incluindo *Time for Kids, Kids Discover, Sports Illustrated Kids, Cobblestone* e muitas outras. A maioria das estratégias pode ser usada com artigos de jornal, *sites* ou qualquer outra fonte de textos informativos. As estratégias incluídas nesse livro também podem ser usadas para dar aulas sobre conteúdos programáticos de virtualmente qualquer matéria, incluindo ciências, estudos sociais e matemática.

Gostaríamos de agradecer aos Drs. Diane Lapp e Douglas Fisher por sua ajuda no desenvolvimento desse projeto. Esperamos que vocês façam bom proveito das 35 estratégias aqui elencadas, e que esse livro sirva como importante recurso para você ajudar a desenvolver em seus alunos a compreensão de textos informativos. Esperamos, também, que seus alunos desenvolvam um crescente entusiasmo por textos informativos que os instigue a encontrar prazer nesse tipo de leitura.

REFERÊNCIAS

Boutte, G.S. (2002). The critical literacy process: Guidelines for examining books. *Childhood education,* 78(3), 147-152.
Morgan, W. (1997). *Critical literacy in the classroom:* The art of the possible. New York: Routledge.
Marcuschi, L.A. 2002. Gêneros textuais: definição e funcionalidade. In: Dionisio, A. Bezerra, M. Machado, A. (org.) *Gênero textuais e ensino*. Rio de Janeiro: Editora Lucerna.
Moss, B. (2003). *25 Strategies for guiding readers through informational texts*. San Diego, CA: Academic Professional Development.

Parte I

Estratégias para **Começar**

Estratégia 1
Escolher textos informativos

Todas as séries

Começando
Ganhando Prática
Vocabulário
Compreensão
Escrita

O QUE É ISSO?

Escolher textos informativos é diferente de escolher textos de ficção. Textos informativos contêm informação factual e incluem livros gerais, *e-books*, *sites*, jornais, revistas e assim por diante. Eles não costumam ter personagens ou uma trama, então selecionar esses textos usando como critério personagens interessantes ou histórias dinâmicas não vai funcionar. Os professores precisam aplicar diferentes critérios para selecionar os textos informativos, seja o material escolhido dado para uma turma inteira ou para um aluno em específico. Os professores deveriam usar o que sabem a respeito dos interesses e das habilidades de seus alunos para selecionar o material mais atraente para eles. Além do mais, o material não deveria ser selecionado simplesmente por sua relevância para o conteúdo estudado em sala de aula, mas também por sua qualidade geral.

QUAL O SEU PROPÓSITO?

O propósito de se escolher cuidadosamente os textos informativos é permitir aos alunos uma rica experiência com materiais de leitura de qualidade que podem informar e educar. É por meio dessas experiências que os estudantes podem desenvolver conhecimento, ganhar exposição a estruturas não narrativas, reforçar o conteúdo estudado e aprender a avaliar a informação com base em sua veracidade – habilidade vital no século XXI. Ao ensinar os alunos a avaliar a qualidade de um texto por conta própria, nós lhes fornecemos habilidades críticas de leitura. Ao pedir que os estudantes considerem os cinco As, na lista abaixo, ajudamos a garantir que eles não irão simplesmente aceitar as informações de um texto, mas refletir sobre o seu significado e ponto de vista.

O QUE EU FAÇO?

Ao avaliar materiais informativos, os professores deveriam considerar os cinco As (adaptado de Moss, 2002):

1. A AUTORIDADE do autor:
   – Quem é o autor do livro ou do arquivo, ou quem é o editor do *site*?
   – Quais são as qualificações do autor ou do editor para escrever o livro ou artigo ou criar o *site*?
2. A ACURÁCIA do conteúdo do texto:
   – O texto e as imagens são precisos?
   – O autor explica de onde tirou as informações?
   – O autor cita especialistas ou fornece referências ou uma bibliografia que valide as informações?
   – O livro ou *site* explora mais de um lado da questão ou representa apenas um ponto de vista? O conteúdo parece tendencioso? A informação é atual?
3. Se o texto é APROPRIADO para a idade do público:
   – O nível de dificuldade e o estilo de escrita estão apropriados para o público?
   – O texto tem títulos e subdivisões que ajudam a orientar o leitor ao longo do texto?
   – Se for um *site*, ele carrega com velocidade? É fácil de navegar?
   – As fotos e as imagens apoiam o texto?
4. Se o texto tem ARTE literária:
   – O material se parece com um texto de enciclopédia ou é escrito em um estilo que "prende" o leitor?

- O autor usa um "gancho" para interessar os leitores em seu material?
- O autor utiliza metáforas, comparações e outros recursos literários para ajudar os leitores a entenderem melhor a informação?
5. Seu APELO infantil:
   - O texto tem um visual interessante?
   - O texto é atraente para os alunos na sua série de ensino?
   - Você pegaria o livro ou visitaria o *site* por conta própria?

Por favor, observe...

Os títulos listados no apêndice ao fim deste livro são livros gerais, revistas e *sites* que se encaixam nos critérios acima. Livros gerais de alta qualidade também estão listados no *site* do Orbis Pictus Awards for Outstanding Nonfiction for Children (www.ncte.org/awards/orbispictus) do National Council of Teachers of English (NCTE). Esse prêmio é concedido anualmente pela NCTE para o melhor livro de não ficção para crianças. Outro prêmio importante para livros informativos é o Robert F. Sibert Informational Book Medal (www.ala.org/ala/mgrps/divs/alsc/awardsgrants/bookmedia/sibertmedal/), concedido anualmente pela American Library Association para o melhor livro informativo do ano. Outro grande recurso para localizar textos informativos de qualidade, sejam livros ou *sites*, é o Book Links (www.ala.org/BookLinks), uma publicação da American Library Association. Esse recurso reúne bibliografias de títulos informativos e de ficção para crianças e jovens adultos organizados por tema, além de indicar se os livros estão disponíveis em *paperback*[*].

EXEMPLO

O professor de História da 9ª série, James Hernandez, decidiu começar a envolver seus alunos na seleção e na leitura de textos mais informativos durante um momento de leitura silenciosa em sua aula. Ele apresentou seus alunos aos cinco As listados anteriormente, e usou esse

---

[*] N. de T.: O termo *paperback* é usado para referir livros de bolso, feitos em formato pequeno para facilitar o transporte e garantir o barateamento do custo. O termo, contudo, não é usado apenas para livros de pequeno formato, mas também para designar um tipo de encadernação traduzida como "brochura", em que a lombada é colada.

livro como modelo para avaliar a qualidade e a veracidade de um texto informativo. Para facilitar o desenvolvimento dessas habilidades críticas de leitura, James criou um modelo para preencher o Formulário de Avaliação de Textos Informativos usando o *site* www.martinlutherking.org, um *site* racista que defende o fim do dia de Martin Luther King.* Ele demonstrou aos alunos como identificar o editor do *site*, como avaliar a precisão da informação e como reconhecer o preconceito do criador do *site*. Então, ele explicou aos alunos que eles precisam localizar ao menos um livro ou *site* relacionado a sua próxima unidade de estudo, o Movimento dos Direitos Civis.** A seguir, eles avaliariam esse livro ou *site*. James consultou o bibliotecário da escola para ajudá-lo a identificar alguns títulos em potencial relacionados a esse tópico. Após os estudantes identificarem seus textos, eles completaram o Formulário de Avaliação de Textos Informativos e compartilharam suas descobertas em pequenos grupos.

REFERÊNCIAS***

Book Links. Retrieved from *www.ala.org/booklinks*.
Martin Luther King, Jr.: A true historical examination. Extraído de *www.martinlutherking.org*.
Moss, B. (2002). *Exploring the literature of fact*. New York: Guilford Press.
Orbis Pictus Award for Outstading Nonfiction for Children. Extraído de *www.ncte.org/awards/orbispictus*.
Robert F. Sibert Informational Book Medal. Extraído de *www.ala.org/ala/mgrps/divs/alsc/awardsgrants/bookmedia/sibertmedal*.

É COM VOCÊ!

Encontre um texto informativo apropriado para a série para a qual você dá aulas no apêndice desse livro ou outro de sua preferência. Use a tabela de avaliação na próxima página para avaliar o texto que você escolheu.

---

* N. de T.: Feriado na terceira segunda-feira de janeiro nos Estados Unidos em homenagem à data de nascimento de Martin Luther King, Jr., ativista político líder do movimento de direitos civis dos negros a partir do começo da década de 1960 e assassinado em 4 de abril de 1968.
** N. de T.: Período histórico compreendido entre 1954 e 1980 que visava conseguir a igualdade perante a lei de todas as camadas da população, independentemente de cor, raça ou religião.
*** N. de R. T.: Em português: XAVIER, A.C. Leitura, texto e hipertexto. In: Marcuschi, L., XAVIER, A.C. *Hipertexto e gêneros digitais*. Rio de Janeiro: Lucerna, 2005.

Formulário de avaliação de textos informativos

Título do texto _____

Parte 1: Autoridade do autor	Sim	Não
O autor ou o editor do *site* está identificado?		
O autor ou o editor é especialista no assunto?		

Parte 2: Acurácia	Sim	Não
O texto e as imagens são precisos?		
O texto tem referências ou bibliografia que valide a informação?		
O livro ou o *site* explora mais de um lado da questão ou representa apenas um ponto de vista?		
O texto parece tendencioso?		
A informação é atual?		

Parte 3: Adequação	Sim	Não
O nível de dificuldade e o estilo de escrita são adequados para o público?		
O livro ou o *site* é organizado e fácil de navegar?		
As fotos e os visuais apoiam o conteúdo?		
O texto tem cabeçalhos que auxiliem o leitor?		

Parte 4: Arte literária	Sim	Não
O autor utilizou um "gancho" para prendê-lo ao texto?		
O autor usou recursos literários para mantê-lo interessado?		

Parte 5: Apelo infantil	Sim	Não
O texto tem visuais interessantes?		
Você pegaria o livro ou visitaria o *site* por conta própria?		

Extraído de *35 estratégias para desenvolver a leitura com textos informativos*, de Barbara Moss e Virginia S. Loh. © 2012, Penso Editora Ltda. Permissão para fazer fotocópia garantida aos compradores deste livro somente para uso pessoal.

Estratégia 2
Levantamento de interesses nos textos informativos

Todas as séries

Começando
Ganhando Prática
Vocabulário
Compreensão
Escrita

O QUE É ISSO?

Um Levantamento de Interesse nos Textos Informativos é uma forma de os professores aprenderem sobre o interesse dos alunos em assuntos tipicamente encontrados em livros informativos, revistas e jornais. A maioria das pesquisas de interesse se concentra no interesse dos alunos em histórias. Levantamentos de Interesse nos Textos Informativos, por outro lado, ajudam os professores a identificar assuntos do mundo real que possam interessar seus alunos, tais como *hobbies*, celebridades, lugares interessantes, animais e assim por diante.

QUAL O SEU PROPÓSITO?

A informação que se ganha com um Levantamento de Interesse nos Textos Informativos pode ajudar os professores a selecionar livros a serem lidos em voz alta, assim como saber quais alunos se interessariam por quais livros, revistas, artigos, *sites*, etc., e sobre qual assunto eles teriam um interesse pessoal, como surfe, música, arte ou civilizações antigas, por exemplo. Esse tipo de interesse pode resultar em leitura silenciosa e independente, que pode levar a maiores habilidades de leitura e/ou aumentar o conhecimento do aluno acerca de determinado tópico. Levantamentos podem gerar informações que vão ajudar os professores a selecionarem textos informativos a serem lidos em voz alta, assim como outros livros informativos. Contudo, não se devem utilizar os Levantamentos de Interesse nos Textos Informativos isoladamente. O ideal seria complementá-los com observações dos professores, entrevistas com os alunos e outros meios informativos de identificar o interesse dos estudantes. Ao notar por que tipos de textos narrativos os seus alunos têm preferência, por exemplo, você pode ter uma boa ideia de que tipo de texto informativo eles iriam gostar.

O QUE EU FAÇO?

1. Para identificar em que tipos de textos informativos seus alunos têm interesse, os professores podem usar levantamentos de interesse como o demonstrado na página a seguir. Primeiro, dê uma olhada nos fragmentos de frases mostrados.
2. Decida quais fragmentos são mais apropriados para a idade e as habilidades de seus alunos para criar suas próprias perguntas. Com alunos mais jovens ou leitores menos experientes, talvez seja melhor conduzir entrevistas ao invés de pedir que lhe deem uma resposta por escrito.
3. Faça com que seus alunos terminem o levantamento ou a entrevista. Faça uma compilação geral indicando quais estudantes têm interesses em comum. Essa lista pode ser útil para criar grupos de interesse ou para envolver grupos de alunos na leitura de textos sobre tópicos em que todos tenham interesse.
4. Comece a dar aos alunos textos que sejam de interesse deles. Esses textos podem incluir livros informativos em geral, artigos de jornal ou revista e *sites*. O California Department of Education Online tem listas de literatura recomendada (www.cde.ca.gov/ci/rl/ll) que podem ser úteis para encontrar livros que falem de algum tópico específico. Você pode digitar o nome de um tópico, e o *site* irá gerar uma lista de livros informativos relacionados. Outros recursos para encontrar textos informativos estão listados no Apêndice.

EXEMPLO

A professora Karen Carter dá aulas para alunos de 7ª série com problemas de leitura em San Diego, na Califórnia. Ela tem muitos alunos que ainda estão aprendendo inglês, e eles acham ler e escrever difícil. Karen pediu que seus melhores alunos lessem e completassem os fragmentos de frase do Levantamento de Interesse nos Textos Informativos da página a seguir e decidiu realizar entrevistas baseadas em diversos dos fragmentos das frases do levantamento com os alunos incapazes de completar a tarefa escrita. Após dar o levantamento aos estudantes, analisou suas respostas para os fragmentos e os itens de escolha ao final. Descobriu, por exemplo, que diversos estudantes se interessavam por futebol e decidiu procurar tantos livros e revistas sobre futebol quanto possível e usar isso como uma espécie de trampolim para motivá-los a ler. Ela também encontrou *sites* sobre futebol para seus alunos usarem. Além disso, descobriu que seus alunos expressaram interesse por assuntos como a II Guerra Mundial, arte, música e animais selvagens. Karen encontrou livros e recursos – tanto impressos como não impressos – relacionados a esses assuntos que seriam apropriados para seus alunos. Esses recursos incluem resenhas recentes de livros, assim como o *site* do California Department of Education mencionado anteriormente. Dessa forma, conseguiu dar a seus alunos materiais que fossem de seu interesse.

REFERÊNCIAS*

California Department of Education Recommended Literature for Mathematics and Science. Extraído de *www.cde.ca.gov/ci/sc/ll/index.asp*.
California Department of Education Recommended Readings in Literature K-12. Extraído de *www.cde.gov/ci/rl/ll*.
National Council for the Social Studies Notable Trade Books for Young People. Extraído de *www.ncss.org/resources/notable*.

É COM VOCÊ!

Experimente o Levantamento de Interesse nos Textos Informativos na sua aula. Talvez seja necessário adaptar algumas questões à idade e às habilidades de seus alunos. Depois, use o que descobrir para encontrar os melhores livros para seus alunos.

---

* N. de R.T.: Em português: Cruz, M.C.; Fernandes, L.C. Um gênero emergente em um novo suporte; o jornal online. In: Cristóvão , V.L.; Nascimento, E.L. (org.) *Gêneros textuais*: teoria e prática. Londrina: Movoiá, 2004.

Formulário de interesse nos textos informativos

Direção: Escreva a resposta solicitada.

1 Eu gostaria de aprender sobre _____
   e _____ este ano.
2 Uma celebridade sobre quem eu gostaria de ler é _____.
3 As revistas que eu gostaria de ler são _____.
4 Um esporte sobre o qual eu gostaria de ler é _____.
5 Um assunto científico pelo qual eu me interesso é _____.
6 Um assunto de estudos sociais pelo qual eu me interesso é _____.
7 O meu *hobby* favorito é _____.
8 Minha matéria preferida na escola é _____.
9 Um texto informativo que eu já li e gostei foi _____
   _____.
10 Quando eu não estou na escola, eu gosto de _____
   _____.
11 Quando uso a internet, eu gosto de _____
   _____.
12 Marque com o "X" os tópicos sobre os quais você gostaria de ler:

Animais	Dinossauros	Experiências
Oceanos	Espaço	Celebridades
Pássaros	Música	Arte
Culinária	Dança	História
Artesanato	Esportes	Animais de estimação

Extraído de *35 estratégias para desenvolver a leitura com textos informativos*, de Barbara Moss e Virginia S. Loh. © 2012, Penso Editora Ltda. Permissão para fazer fotocópia garantida aos compradores deste livro somente para uso pessoal.

Estratégia 3
Ler textos informativos em voz alta

Todas as séries

Começando
Ganhando Prática
Vocabulário
Compreensão
Escrita

O QUE É ISSO?

Ler textos informativos em voz alta dá aos alunos uma oportunidade de ouvir textos não narrativos. Eles apresentam aos professores a oportunidade de ajudar os alunos a terem acesso a textos informativos; dessa forma, os professores podem apresentar uma unidade de estudo ou auxiliar o aluno na compreensão de conteúdos do texto que podem estar além de sua habilidade de leitura.

QUAL O SEU PROPÓSITO?

Esses textos expandem o conhecimento dos estudantes, ensinando-lhes conteúdo e termos relacionados a uma variedade de assuntos e pessoas. Eles sensibilizam os alunos a padrões expositivos, que são muito menos familiares aos estudantes do que as histórias. Eles despertam o interesse em assuntos, enriquecem o estudo da literatura e permitem fazer conexões entre muitas matérias curriculares. Mas o mais importante é justamente despertar o interesse dos alunos em diversos tópicos distintos, levando à leitura silenciosa independente; fator importantíssimo no desenvolvimento de leitores para toda a vida.

Ler textos informativos em voz alta pode apresentar, culminar ou fornecer novas informações sobre uma unidade intercurricular. Por exemplo, ao dar início a uma unidade sobre o Movimento dos Direitos Civis, um professor pode ler *MLK: Journey of a King* (Bolden, 2008).

O QUE EU FAÇO?

A leitura em voz alta de textos informativos pode ter diversos formatos:
1. Ler alguns "pedaços". Leitura de pedaços inclui um capítulo ou uma seção de um determinado livro. Ela pode envolver a leitura de artigos pequenos de jornais ou revistas, ou simplesmente algumas seções de artigos mais extensos. Excertos de coletâneas biográficas como *Lives of the Artists: Masterpieces, Messes (and What the Neighbors Thought)* (Krull, 1995), *Lives of the Musicians: Good Times, Bad Times (and What the Neighbors Thought)* (Krull, 2002), *Lives of the Athletes: Thrills, spills (and What the Neighbors Thought)* (Krull, 1997) ou *Lives of Extraordinary Women: Rulers, Rebels (and What the Neighbors Thought)* (Krull, 2000), por exemplo, dão ótimas leituras rápidas em voz alta. Esses esboços breves e dinâmicos das vidas de artistas, músicos, atletas e mulheres proeminentes ensinam aos estudantes de hoje sobre grandes realizadores do passado e do presente.
2. Ler legendas de fotos e figuras. Fazer isso pode "abrir o apetite" dos alunos por informação. Legendas de *Anne Frank: Beyond the Diary* (Van de Rol e Verhoeven, 1993) conectam objetos ao próprio diário. Ler as legendas de títulos como *Mission: Planet Earth: Our World and Its Climate – and How Humans Are Changing Them* (Ride e O'Shaughnessy, 2009) ou *Surprising Sharks!* (Davies, 2008) criam motivação para a leitura instigada pelo visual estimulante desses dois títulos.
3. Quebrar a leitura. Se um texto é complexo ou cheio de conceitos desconhecidos, talvez seja melhor ler o texto ao longo de alguns dias. Mesmo livros informativos ilustrados com tópicos complicados podem entrar nessa categoria. Identifique pontos de quebra lógicos e leia uma seção pequena do texto de cada vez, ao invés do texto inteiro de uma vez só.

4. Estabelecer conexões entre textos informativos e outros gêneros. Por exemplo, conectar textos interessantes e únicos como *Letters for Freedom: The American Revolution* (Rife, 2009) e a poesia de *Colonial Voices: Hear Them Speak* (Winters, 2008) ajuda os professores a construir o conhecimento dos alunos acerca desse importante período histórico.
5. Ler diferentes obras sobre a mesma pessoa ou assunto. Por exemplo, ler três biografias diferentes de Johnny Appleseed, Amelia Earhart ou Martin Luther King Jr. pode ilustrar os diferentes pontos de vista que os autores podem ter sobre uma determinada pessoa ou assunto. Esses tipos de experiência de leitura ajudam os alunos a desenvolverem posicionamento crítico em relação ao que estão lendo; essas leituras lhes ensinam que diferentes fontes de informação podem se contradizer e que diferentes autores podem ter perspectivas distintas a respeito de uma mesma pessoa.
6. Planejar atividades para antes, durante e depois da leitura. Como os estudantes costumam achar textos informativos mais difíceis de entender do que os de ficção, é ainda mais importante que eles participem de experiências de leitura antes, durante e depois da atividade com esse tipo de texto. É de suma importância que os estudantes participem de experiências prévias de leitura que sejam significativas, já que é possível que eles tenham conhecimento prévio muito pequeno acerca dos assuntos abordados nesses trabalhos.

Antes da leitura

Estabeleça ligações entre as experiências dos estudantes e o material dos textos. Use o Guia de Antecipação (Estratégia 5), o KWHL (Estratégia 6) ou a Previsão de Conteúdo (Estratégia 8) para interessar os estudantes no assunto. Traga objetos ou exemplos daquilo que foi mencionado na história para tornar a informação mais concreta para seus alunos. Por exemplo, fotos dos incríveis artefatos de ouro encontrados no galeão espanhol Atocha podem tornar *Sunken Treasure*, de Gail Gibbons (1990), mais divertido para as crianças. Antes de os alunos lerem, ajude-os a identificar as características dos textos, como títulos em negrito, caixas de textos, sumário e índice. Ao destacar os títulos e o sumário, os professores podem ajudar seus alunos a entender as formas como o autor organiza o texto. Dessa forma, será mais fácil para os estudantes compreenderem a informação.

> **Durante a leitura**
>
> Responda às perguntas, esclareça termos e ajude os alunos a completar organizadores gráficos como Tabelas de Informações (Estratégia 21), Diagramas de Venn (Estratégia 25) ou Mapas Semânticos (Estratégia 23). Por meio dessas atividades, os professores podem ajudar os alunos a se focarem no significado do texto.
>
> **Após a leitura**
>
> Envolva os alunos em extensões criativas do texto. Atividades como completar Teias de Discussão (Estratégia 20), participar do Teatro dos Leitores (Estratégia 30) e escrever Jornal em Duas Colunas (Estratégia 31) criam extensões significativas para as experiências de leitura das crianças.

EXEMPLO

A professora Lorena Cortez lê textos informativos em voz alta para seus alunos de 5ª série regularmente. Ela seleciona leituras em voz alta que estabeleçam conexões entre matérias de estudo, como matemática e história, e costuma utilizar esses livros para introduzir ou expandir os assuntos tratados pelo livro didático. Às vezes, ela lê em voz alta pequenas seções de textos maiores, tais como o perfil de Van Gogh de *Lives of Artists: Masterpieces, Messes (and Waht the Neighbors Thought)* (Krull, 1995) para fazer uma introdução à aula de arte. Em outras ocasiões, ela lê em voz alta livros que ela sabe serem de interesse para seus alunos e que têm o potencial para motivá-los a ler por conta própria.

Quando planeja leituras em voz alta para seus estudantes, Lorena cria experiências de leitura para antes, durante e depois das atividades com o texto que mantenham o interesse dos alunos. O Guia de Planejamento de Leitura em Voz Alta de Textos Informativos incluído nessa lição dá orientações para planejar essas experiências. Antes de ler o *The Book of Stars* (Twist, 2007), Lorena dá a seus alunos um Guia de Antecipação (Estratégia 5) criado para ajudá-la a avaliar o conhecimento prévio de seus alunos a respeito de estrelas. Lorena mostrou o livro e explicou-o para seus alunos, mostrando seu formato singular, com páginas de tamanhos diferentes, títulos em destaque como *The Sun, Red Dwarf, Giant Star*, e mais; ela também mostrou a organização, as fontes e os tópicos nas caixas de texto. Ela mostrou aos estudantes que o livro era organizado em tópicos, com cada seção focada em um tipo ou aspecto diferente das estrelas.

E como o texto continha esse tipo de informação mais densa, Lorena optou por ler apenas uma seção por dia. Conforme ela lia, também ajudava seus alunos a criar uma Tabela de Informações (Estratégia 21) que lhes permitia comparar informações sobre diferentes estrelas, incluindo seus diâmetros, temperaturas, distância da Terra, mitos e lendas e assim por diante. Após a leitura, os alunos comparavam as informações do seu texto científico com as informações do livro. Isso desenvolveu suas habilidades de comparar e analisar as informações criticamente.

REFERÊNCIAS*

Bolden, C. (2008). MLK: *Journey of a king*. New York: M. Abrams. (P).
Davies, N. (2008). *Surprising Sharks!* New York: Candlewick. (P).
Gibbons, G. (1990). *Sunken treasure*. New York: HarperCollins. (I).
Krull, K. (1995). *Lives of the artists: Masterpieces, Messes (and what the neighbors thought)*. San Diego, CA: Harcourt Brace. (YA).
Krull, K. (1997). *Lives of the athletes: Thrills, spills (and what the neighbors thought)*. San Diego, CA: Harcourt Brace. (YA).
Krull, K. (2000). *Lives of extraordinary women: Rulers, rebels(and what the neighbors thought)*. San Diego, CA: Harcourt Brace. (YA).
Krull, K. (2002). *Lives of the musicians: Good times, bad times (and what the neighbors thought)*. San Diego, CA: Sandpiper. (M, YA).
Ride, S., & O'Shaughnessy, T. (2009). *Mission: Planet Earth: Our world and its climate – and how humans are changing them*. New York: Flashpoint. (M, YA).
Rife, D. (2009). *Letters for freedom: The American revolution*. New York: Kids Innovative. (I).
Twist, C. (2007). *The book of stars*. New York: Scholastic, (I).
Van der Rol, R. & Verhoeven, R. (1993). *Anne Frank, beyond the diary: A photographic rememberance*. New York: Viking. (M).
Winters, K. (2008). *Colonial voices: Hear them speak*. New York: Dutton. (I).

É COM VOCÊ!

Selecione um texto informativo para usar como leitura em voz alta, seja do apêndice deste livro ou um de sua preferência. Antes de escolher, contudo, considere o formato que você vai usar para ler o livro em voz alta. Anote as informações no formulário da próxima página. Além disso, faça notas do que você vai fazer antes, durante e depois da leitura.

---

* N. de R.T.: Em português: Marcuschi, L.A. *Da fala para a escrita: atividades de retextualiação*. São Paulo: Cortez, 2003.

Guia de planejamento de leitura em voz alta de livro informativo

1 Que tipo de texto informativo você pretende ler em voz alta? _____

2 Que formato você pretende usar para essa leitura em voz alta? _____

3 O que você vai fazer antes, durante e depois da leitura deste livro? _____

	Estratégias
Antes da leitura:	
Como você irá ativar conhecimento prévio acerca do assunto? Que palavras novas você vai precisar apresentar? Como você irá ensinar os alunos sobre a organização do texto (ver títulos, sumário, etc.)?	Guia de Antecipação Tabela KWHL Previsão do Sumário? Outras: _____
Durante a leitura:	
Como você irá ajudar os alunos a entenderem as leituras?	Mostrar títulos Revisar sumário Apontar palavras-chave Outras: _____
Após a leitura:	
Como os alunos vão demonstrar o que aprenderam?	Fazer/responder perguntas Completar um organizador gráfico Diagrama de Venn Tabela de Informações Mapa de Causa-Efeito Esboço de Problema-Solução Outros: _____ Fazer um desenho Completar um texto rápido ou um Jornal de Duas Colunas Realizar um projeto Pensar-juntar-compartilhar o que os estudantes aprenderam Outras: _____

Extraído de *35 estratégias para desenvolver a leitura com textos informativos*, de Barbara Moss e Virginia S. Loh. © 2012, Penso Editora Ltda. Permissão para fazer fotocópia garantida aos compradores deste livro somente para uso pessoal.

Estratégia 4

Leitura compartilhada com textos informativos e busca de características textuais

Todas as séries

Começando
Ganhando Prática
Vocabulário
Compreensão
Escrita

O QUE É ISSO?

A leitura compartilhada ensina aos alunos como os textos expositivos funcionam e de que forma se diferenciam de textos de ficção. Leitura compartilhada é uma estratégia que auxilia os estudantes a lerem livros para os quais eles possam ainda não estar prontos para lerem sozinhos. Pode ser particularmente útil como forma de introduzir as características únicas dos textos informativos. A Busca de Características Textuais faz com que os alunos procurem e explorem essas características textuais sobre as quais eles aprenderam durante a leitura compartilhada.

QUAL O SEU PROPÓSITO?

A Leitura Compartilhada com Textos Informativos ajuda os professores a demonstrarem como esse tipo de texto funciona e como ele se difere de narrativas. Demonstrações e discussões das características encontradas nesses dois tipos de texto podem desenvolver a percepção metacognitiva dos estudantes a respeito das características dos dois tipos de texto e gerar conhecimento prévio sobre a natureza e o propósito dos textos informativos. Assim que os professores tiverem compartilhado essas características com os alunos por meio da leitura compartilhada, eles podem usar o formulário de Busca de Características de Textos Informativos para localizar e refletir sobre os propósitos dessas características.

O QUE EU FAÇO?

Leitura compartilhada pode ser feita com livros grandes para estudantes mais jovens ou com livros didáticos ou livros gerais para estudantes mais velhos. Para realizar uma leitura compartilhada, o professor deve:

1. Dispor uma cópia ampliada de um livro informativo em um cavalete, distribuir múltiplas cópias de um livro ou artigo informativo, ou mostrar o texto usando um projetor. Isso permite que todos vejam o texto e possam seguir juntos.

2. Envolver os alunos na previsão sobre a natureza do texto usando as seguintes perguntas como guia:
   - Que tipo de livro/texto é esse?
   - Como você sabe?
   - Que tipo de informação você espera encontrar?
   - Que tipo de ilustrações você espera encontrar?
   - O que você sabe sobre o autor?
   - Qual a editora e/ou patrocinadora?

3. Direcionar a atenção dos alunos nas várias características do texto expositivo, usando as seguintes perguntas como guia:
   - O que os títulos e os subtítulos me dizem?
   - Que partes do texto me ajudam a encontrar informações?
   - De que forma as informações estão organizadas?
   - Como eu leio os diagramas (ou mapas, gráficos, linhas de tempo)?

4. A seguir, demonstrar e explicar como os alunos devem usar instrumentos de localização como sumários, índices, glossários e títulos para ajudá-los a localizar informações específicas:
   - Para que serve o sumário? Quando e como ele é utilizado?
   - Para que servem os números das páginas?
   - Por que as páginas são numeradas?
   - Para que serve o índice? Quando e como ele é utilizado?
   - Todos os livros informativos têm sumários e índices? Por quê? Por que não?

5. Mostrar as informações visuais, incluindo tabelas, gráficos, mapas, diagramas e linhas de tempo. Use as seguintes perguntas como guia:
   – Por que os autores incluem informações visuais em mapas, gráficos ou linhas de tempo?
   – De que modos esses mapas, gráficos e linhas de tempo são semelhantes? De que modos eles são diferentes?
   – De que forma ler um "texto visual" é diferente de ler um texto normal?
6. Mostrar aos alunos que nunca dependemos de apenas uma fonte de informação. É necessário pesquisar assuntos usando diversas fontes para se ter uma opinião informada a respeito. Use as seguintes perguntas como guia:
   – Onde o autor buscou suas informações?
   – Que fontes estão listadas na bibliografia ou nas referências?
   – O que você precisa saber sobre o assunto? Existe algo que você precise explorar ou mais informações que precise pesquisar?
7. A essa altura, os professores devem trazer textos informativos e de ficção para propósito de comparação. Concentre-se nas diferenças entre os dois tipos de texto usando as seguintes perguntas como guia:
   – Nós lemos textos informativos da mesma forma como lemos histórias? Por quê? Por que não?
   – Quais são algumas das diferenças no modo como lemos os dois tipos de texto?
   – O que livros informativos têm que as histórias não têm?
   – O que livros de ficção têm que os livros informativos não têm?
   – Por que os dois tipos de texto são diferentes? (Moss, 2002).

EXEMPLO

A professora Evelyn Craig usou a leitura compartilhada para apresentar aos seus alunos de 4ª série as diferenças entre textos informativos e de ficção usando dois textos simples, *Frog and Toads are friends* (Lobel, 1979) e *Toad or Frog?* (Stewart e Salem, 2003). Usando esses dois textos, ela demonstrou para seus alunos as diferenças entre os dois usando as perguntas listadas anteriormente. Ela começou com a leitura de um texto informativo ampliado, envolvendo seus alunos na tarefa de realizar previsões sobre o texto. Depois disso, ela apresentou as características de acesso do texto expositivo, como sumários, índices e glossários, apontando-os no texto ampliado. Ela também mostrou as informações visuais, incluindo tabelas, gráficos, mapas, diagramas e linhas de tempo. Depois, Evelyn permitiu que grupos de alunos selecionassem seus próprios livros informativos. Ela fez com que seus alunos completassem uma "caça" às Características de Textos Informativos, localizando os números das páginas em que cada característica se encontrava e escrevendo o propósito de cada característica na linha certa (exemplo a seguir).

Exemplo de busca de características de textos informativos
Título do Livro *Poison Dart Frogs*
Autor(a) Tracy Reeder

Característica	V	Página #	Propósito
Sumário	V	3	Dizer onde ficam os capítulos
Títulos	V	6, 8, 9, 10, 11	Dizer o que tem na seção
Palavras destacadas	V	9, 10, 11	Mostrar as palavras novas
Glossário	V	31	Definir as palavras novas
Índice	V	32	Ajudar a procurar os tópicos
Barras laterais		Nenhuma	
Caixas de conteúdo	V	12, 13, 14	Dar pequenas informações
Legendas	V	22, 24	Dizer sobre o que fala a foto
Fotografias	V	Quase todas as páginas	Ajudar a entender a informação
Diagramas		Nenhum	Mostrar o ciclo de vida de um sapo venenoso
Tabelas		Nenhuma	
Gráficos		Nenhum	
Mapas	V	7	Mostrar onde ficam as pradarias
Fluxograma	V	19	Mostrar como um sapo troca de pele
Teias		Nenhuma	
Linhas de tempo		Nenhuma	
Mapas	V	23	Mostrar onde os sapos venenosos se encontram
Referências		Nenhuma	

REFERÊNCIAS*

Lobel, A. (1979). *Frog and toads are friends*. New York: Harper Collins. (P).
Moss, B. (2002). *Exploring the Literature of fact*. New York. Guilford Press.
Stewart, J., & Salem, L. (2003). *Toad or frog?* New York; Continental Press. (P)

É COM VOCÊ!

Planeje uma experiência de leitura compartilhada como a descrita. Direcione a atenção de seus alunos para a identificação de características de textos informativos e a comparação dessas características com as de textos de ficção. Quando tiver completado essa atividade, dê a seus alunos um livro informativo e faça com que eles completem a Busca de Características de Textos Informativos dado na página a seguir. Faça com que eles localizem cada uma das características e listem o número da página em que encontraram a característica. Além disso, faça com que os estudantes escrevam o propósito de cada característica na última coluna. O professor vai precisar mostrar aos alunos um modelo de como realizar essa tarefa completando ele mesmo os primeiros itens para os alunos.

---

* N. de R.T.: Em português: Boff, O.M.; Köche, V.; Marinello, A. *Leitura e Produção Textual*. Gêneros tetuais do argumentar e expor. Rio de Janeiro: Vozes, 2010.

Busca de características de textos informativos

Orientações: Verifique as características que encontrou no seu texto. Você pode adicionar mais características no final da lista. Anote o número das páginas onde as encontrou e escreva seu propósito.

Título do Livro _____ **Autor(a)** _____

Característica	V	Página #	Propósito
Sumário			
Títulos			
Palavras realçadas			
Glossário			
Índice			
Barras laterais			
Caixas de conteúdo			
Legendas			
Fotografias			
Diagramas			
Tabelas			
Gráficos			
Mapas			
Fluxograma			
Teias			
Linhas de tempo			
Mapas			
Referências			

Extraído de *35 estratégias para desenvolver a leitura com textos informativos*, de Barbara Moss e Virginia S. Loh. © 2012, Penso Editora Ltda. Permissão para fazer fotocópia garantida aos compradores deste livro somente para uso pessoal.

Parte II

Estratégias de **Prática**

Estratégia 5
Guia de antecipação

Todas as séries

Começando
Ganhando prática
Vocabulário
Compreensão
Escrita

O QUE É ISSO?

Os Guias de Antecipação (chamados de *guias de previsão* por Herber, 1978) são estratégias pré-leitura que podem ser usadas com textos informativos, tais como artigos de jornal ou livros didáticos em diversos níveis. Antes de lerem, os alunos respondem a afirmações cuidadosamente formuladas que direcionam sua atenção ao assunto a ser estudado.

QUAL O SEU PROPÓSITO?

Os Guias de Antecipação ajudam os alunos a ativar seu conhecimento prévio e atiçar sua curiosidade sobre o assunto em mãos. Os alunos então leem para confirmar ou desmentir suas reações às afirmações apresentadas antes da leitura. Após a leitura, eles têm a oportunidade de voltar e mudar as respostas com base naquilo que aprenderam com a leitura.

Os Guias de Antecipação podem ser usados com qualquer conteúdo, mas são especialmente úteis com conteúdos relacionados a ciências. Muitos estudantes têm concepções erradas a respeito de informações científicas. Os Guias de Antecipação podem ajudar os estudantes a confrontar e, posteriormente, refletir acerca dessas concepções. Guias de Antecipação também podem ser usados junto de materiais de qualquer área, incluindo português, estudos sociais, saúde ou matemática.

Os Guias de Antecipação requerem preparo por parte do professor. Aqui estão alguns métodos sugeridos para a criação e o uso dos Guias de Antecipação:

1. Analise o texto para identificar ideias e informações chave.
2. Antecipe ideias do texto que ajudem os alunos a refletir sobre o que eles sabem acerca do assunto que sejam interessantes, controversas ou provocativas.
3. Crie de quatro a sete afirmações que os alunos julgarão serem verdadeiras ou falsas.
4. Desenvolva diretrizes para a atividade.
5. Antes que eles leiam, faça com que os estudantes usem o guia em duplas ou grupos após o assunto ter sido brevemente apresentado. Dê aos alunos tempo para discutir suas respostas às afirmações perante toda a turma. Quando utilizar Guias de Antecipação com alunos mais jovens, os professores costumam ler itens em voz alta e deixar que os alunos façam sinal positivo/negativo como resposta da turma para cada afirmação.
6. Após a leitura, dê aos alunos a oportunidade de mudar suas respostas com base nessa nova informação. Revise o guia com toda a turma, pedindo que os alunos identifiquem de que modo modificaram suas respostas com base nas novas informações.

EXEMPLO

O professor de história no ensino médio, Dale Newton, queria preparar seus alunos para o estudo da Revolução Industrial como parte de suas aulas. Antes de ler o capítulo no livro didático, Dale fez seus alunos trabalharem em duplas para completar o seguinte Guia de Antecipação, criado para ativar seu conhecimento prévio e atiçar sua curiosidade acerca do assunto. Antes de ler o capítulo do livro, os alunos tinham que marcar as afirmações com um "V" para aquelas que fossem verdadeiras ou "F" para as que fossem falsas. Após completar o guia em duplas, os estudantes dividiram suas respostas com a turma toda. Após completarem a leitura do capítulo do livro didático, Dale pediu que eles revissem seus guias e trabalhassem com seus parceiros para mudar suas respostas com base naquilo que haviam aprendido. A seguir, fez a turma discutir suas respostas e indicar quais modificações foram feitas.

Após a leitura, os alunos mudaram as respostas para refletir suas novas informações, discutindo essas modificações com a turma.

		Amostra de Guia de Antecipação
V	F	1. A industrialização é sempre boa para os trabalhadores, porque cria empregos.
V	F	2. Pode-se argumentar que as plantações de batata contribuíram para a industrialização na Inglaterra.
V	F	3. A Inglaterra não teria como se industrializar sem seus muitos rios.
V	F	4. Muitas cidades já haviam surgido muito antes da Revolução Industrial.
V	F	5. Empreendedores tinham o capital necessário para investir na maquinaria.
V	F	6. A industrialização precoce ajudou a fazer dos EUA a potência que é hoje em em dia.
V	F	7. Invenções como a máquina a vapor e as máquinas de tecelagem melhoram a vida para todos os membros da sociedade.
V	F	8. Cooperação econômica é melhor do que competição em uma sociedade.

REFERÊNCIAS

Herber, H. (1978). Prediction as motivation and an aid to comprehension. In H. Herber, *Teaching reading in content areas* (2nd ed., pp. 173-189). Englewood Cliffs, NJ: Prentice-Hall.

É COM VOCÊ!

Selecione um texto do apêndice deste livro ou um de sua preferência. Crie um Guia de Antecipação para seus alunos usando o formulário na próxima página. Faça seus alunos trabalharem em pares para completá-lo. Dê-lhes a chance de mudar suas respostas após lerem o texto.

Guia de Antecipação para

_____

_____

Diretrizes: Circule "V" para afirmações com as quais você concorda e "F" para aquelas com as quais você discorda. Após ler o material, volte e mude suas respostas com base em suas novas informações.

V   F   **1.** _____

V   F   **2.** _____

V   F   **3.** _____

V   F   **4.** _____

V   F   **5.** _____

V   F   **6.** _____

V   F   **7.** _____

V   F   **8.** _____

V   F   **9.** _____

V   F   **10.** _____

Extraído de *35 estratégias para desenvolver a leitura com textos informativos*, de Barbara Moss e Virginia S. Loh. © 2012, Penso Editora Ltda. Permissão para fazer fotocópia garantida aos compradores deste livro somente para uso pessoal.

Estratégia 6
KWHL*

Todas as séries

Começando
Ganhando prática
Vocabulário
Compreensão
Escrita

O QUE É ISSO?

O KWHL (Ogle, 1992) é uma adaptação da estratégia KWL (Ogle, 1986) que ajuda os alunos a ativar seu conhecimento prévio acerca de um assunto e a localizar informações estrategicamente conforme leem. Durante o primeiro passo, os alunos identificam o que *sabem* (K) sobre o assunto. Eles pensam em conjunto uma lista do que sabem em relação ao assunto e anotam suas conclusões na primeira coluna da tabela. Durante o segundo passo, os estudantes identificam o que *querem saber* (W) sobre o assunto. Eles fazem perguntas e as registram na segunda coluna da tabela. Mais tarde, essas perguntas darão um propósito para sua leitura. Para o terceiro passo, os estudantes listam *como* (H) eles podem responder a essas perguntas. Por exemplo, os alunos podem mencionar usar seus livros de apoio, materiais de referência (dicionários, a internet, materiais da aula, etc.), métodos de pesquisa (pesquisas, levantamentos, etc.) e/ou características textuais específicas como formas de responder às perguntas. Após a leitura, os alunos têm a oportunidade de identificar o que *aprenderam* (L) sobre o assunto. Eles anotam as respostas para suas perguntas na terceira coluna da Tabela KWHL.

---

* N. de T.: Do ingles, K – *Know* (saber); W – *want to know* (querer saber); H – *how* (como); e L – *learned* (aprenderam). Maiores detalhes no corpo do texto.

QUAL O SEU PROPÓSITO?

As Tabelas KWHL foram criadas para atiçar a curiosidade sobre um texto, ativar conhecimento prévio e envolver os alunos na identificação de suas próprias perguntas sobre um determinado tópico, assim como na identificação das fontes de informação disponíveis. As tabelas também fornecem um relatório do que os alunos aprenderam durante a leitura.

O QUE EU FAÇO?

1. Escolha um livro, jornal ou artigo de revista apropriado para as habilidades de seus alunos.
2. Prepare cópias de uma Planilha KWHL ou crie uma Tabela KWHL em folha grande ou transparente. A planilha ou tabela deve ser dividida em quatro colunas, com a coluna "K" mais à esquerda, as colunas "W" e "H" no meio, e a coluna "L" na direita.
3. Ative o conhecimento prévio dos alunos sobre o assunto do texto fazendo-os pensar em grupo o que sabem sobre o tópico. Faça-os anotar essa informação na coluna "K", ou "O que eu sei".
4. Faça com que os alunos criem perguntas que eles querem responder enquanto leem. Faça-os anotar essas perguntas na coluna "W", ou "O que eu quero saber".
5. Faça os alunos listarem formas como eles podem responder a essas perguntas na coluna "H", ou "Como eu vou descobrir".
6. Peça para os estudantes lerem ou prestarem atenção quando você ler o texto em voz alta. Dê orientações sobre como encontrar as respostas que precisam ao ler o texto ou ao ouvi-lo ler em voz alta. Após, faça-os anotar as respostas às perguntas na coluna "L", ou "O que eu aprendi".

EXEMPLO

Maria Gomez, professora da 3ª série, criou uma lição KWHL para o livro *Ant Cities* (Dorros, 1987) antes de começar a estudar insetos. Ela criou uma grande Tabela KWHL em uma folha quadriculada. Antes de ler o livro em voz alta para seus alunos, ela pediu que eles se organizassem em duplas e pensassem em tudo o que pudessem sobre o que sabem a respeito de formigas. Ela anotou as respostas de cada grupo na coluna mais à esquerda, "K" ("O que eu sei"). Então, os alunos se juntaram em grupos novamente para discutir o que eles *queriam saber*. Maria listou essas perguntas na coluna do meio, "W" ("O que eu quero saber"). A essa altura, Maria pediu que seus alunos pensassem em como eles iriam localizar as respostas para suas perguntas e anotou suas respostas na coluna "H" ("Como eu vou descobrir"). Então, ela leu o livro em voz alta, orientando as crianças a prestar atenção para descobrir o que elas queriam saber. Após ouvirem a leitura, os alunos voltaram a trabalhar em duplas para gerar respostas às perguntas feitas anteriormente. A seguir, Maria completou a coluna "L" ("O que eu aprendi").

Tabela KWHL para Ant Cities			
K (O que eu sei)	**W** (O que eu quero saber)	**H** (Como eu vou descobrir)	**L** (O que eu aprendi)
Formigas constroem formigueiros	O que as formigas comem?	Pesquisa na internet Livro de apoio	Insetos Plantas Doces Cupim
Formigas são vermelhas	Onde as formigas vivem?	Enciclopédia online Livro de apoio	Em um ninho cheio de quartos
Formigas gostam de comer doces	As formigas sentem cheiro?	Pesquisa na internet	Sim, elas cheiram com as antenas

REFERÊNCIAS[*]

Dorros, A. (1987). *Ant cities*. New York: Crowell. (P).
Ogle, D. (1986). K-W-L: A teaching model that develops active reading of expository text. *Reading Teacher*, 39, 563-570.
Ogle, D. (1992). KWL in action: Secondary teachers find applications that work. In E. K. Dishner, T. W. Bean, J. E. Readence, &D. W. Moore (Eds.), *Reading in the content areas: Improving classroom instruction* (3rd ed., pp. 270-282). Dubuque, IA: Kendall Hunt.

É COM VOCÊ!

Escolha um texto da lista sugerida no apêndice, um de sua preferência ou um artigo de jornal ou de revista. Faça seus alunos completarem a Tabela KWHL na próxima página, identificando as colunas "K", "W" e "H" antes de lerem, e a coluna "L" após a leitura.

---

[*] N. de R.T.: Em português: Abreu-Tardelli, L.; Lousada, E.; Machado, A.R. *Trabalhos de Pesquisa*. São Paulo, Parábola, 2009.

Tabela KWHL para _____

K (O que eu sei)	W (O que eu quero saber)	H (Como eu vou descobrir)	L (O que eu aprendi)

Extraído de *35 estratégias para desenvolver a leitura com textos informativos*, de Barbara Moss e Virginia S. Loh. © 2012, Penso Editora Ltda. Permissão para fazer fotocópia garantida aos compradores deste livro somente para uso pessoal.

Estratégia 7
Eu vejo... Eu me pergunto... Eu sei[*]

Todas as séries

Começando
Ganhando prática
Vocabulário
Compreensão
Escrita

O QUE É ISSO?

Eu vejo... Eu me pergunto... Eu sei... (adaptado de Oczkus, 2004) é uma estratégia criada para ajudar os estudantes a ativarem conhecimento prévio e desenvolverem curiosidade sobre o assunto de um texto usando as ilustrações e os títulos como estímulos para o pensamento. Antes de ler, os alunos escrevem ou desenham o que veem nas ilustrações e/ou nos títulos ("Eu vejo...") e registram perguntas que refletem o que eles imaginam sobre o que estão vendo ("Eu me pergunto..."). Após ler o texto, eles registram na coluna "Eu sei..." as respostas para as perguntas feitas na coluna "Eu me pergunto...". Eles podem registrar outras coisas que aprenderam do texto.

QUAL O SEU PROPÓSITO?

Compreender características textuais como ilustrações e títulos é essencial para compreender textos informativos. Essa estratégia pode mostrar aos alunos a importância de ler cuidadosamente e prestar atenção às ilustrações e aos títulos. Além disso, ela estimula os alunos a não apenas identificar títulos e ilustrações, como também a fazer perguntas sobre o

[*] N. de T.: No original: "I see... I wonder... I know...".

conteúdo e encontrar as respostas a essas questões conforme leem. Desse modo, sua leitura passa a ter um propósito.

O QUE EU FAÇO?

1. Escolha um texto informativo, seja um livro comum ou didático. Como uma alternativa, cada aluno pode ler um texto informativo diferente.
2. Peça para os alunos fazerem previsões sobre o que trata o texto após um rápido exame da capa, do título e das ilustrações.
3. Usando excertos curtos do texto, mostre aos alunos como pensar sobre o que eles estão vendo nas ilustrações e nos títulos. Faça uma demonstração de como registrar na coluna "Eu vejo..." da tabela aquilo que veem em palavras ou figuras. Além disso, o professor precisa mostrar aos alunos como completar a frase após o início "Eu me pergunto..." com perguntas que eles tenham sobre a ilustração ou o título. A seguir, o professor pode ler uma seção e completar um modelo da coluna "Eu sei..." como demonstração.
4. Realize uma prática direcionada com seus alunos do uso dessa estratégia projetando ilustrações e títulos de um texto com uma câmera de documentos. Acompanhe os alunos na tabela, fazendo-os trabalhar em duplas para completar as duas primeiras colunas. Depois, leia uma pequena seção do texto e faça-os completar a terceira coluna. Nessa hora, os alunos já devem ser capazes de usar a estratégia por conta própria.

EXEMPLO

Os alunos da 3ª série da professora Belinda Sanchez estavam estudando biomas. Eles haviam estudado esse tópico com a ajuda de seus livros didáticos, mas Belinda queria aprofundar o aprendizado deles. Ele encontrou o Thinkquest.com (*library.thinkquest.org/08aug/00473/ spotlight.htm*), um ótimo *site* sobre o assunto. Ela queria envolver os alunos na leitura de informações do *site*, mas sabia que eles precisariam da ajuda dela para ter sucesso na tarefa. Ela decidiu se concentrar em três biomas distintos para a primeira lição: a pradaria, a floresta tropical e os desertos. Para direcionar a atenção dos alunos nas ilustrações e nos títulos do *site*, ela decidiu usar a estratégia "Eu vejo... Eu me pergunto... Eu sei...".

Belinda começou a aula mostrando aos seus alunos os botões para cada um dos três tipos de bioma. Ela apertou o botão para o primeiro bioma, a pradaria, e mostrou os títulos que apareciam na página, incluindo: "Clima", "Animais da Pradaria" e "O que é a Pradaria?". Ela apontou as fotos na página. Nesse momento, ela pensou em voz alta e mostrou a seus alunos como se completam as colunas "Eu vejo..." e "Eu me pergunto..." da tabela. Belinda percebeu que a palavra *pradaria* aparecia várias vezes na primeira página e em cada um dos títulos. Então, ela mostrou aos alunos como completar a coluna "Eu sei..." (veja tabela adiante). Depois disso, ela mostrou como criar uma frase com "Eu me pergunto..." com base na coluna "Eu vejo...". Ela escreveu "Eu me pergunto o que é a pradaria" naquela coluna e criou duas outras frases com "Eu me pergunto..." com base nos títulos e nas fotos.

Amostra da tabela: Eu vejo..., Eu me pergunto..., Eu sei...

Eu vejo...	Eu me pergunto...	Eu sei...
Eu vejo a palavra pradaria no primeiro título.	Eu me pergunto o que será a pradaria?	Eu sei que a pradaria tem muitas plantas.
Eu vejo que um dos títulos é sobre animais que vivem na pradaria.	Eu me pergunto que animais vivem na pradaria e por que eles vivem lá?	Eu sei que coelhos, patos, búfalos, chitas e leões vivem na pradaria.
Eu vejo nas fotos que a pradaria tem muito verde.	Eu me pergunto como será que eles arranjam água na pradaria?	Eu sei que a pradaria consegue água da chuva.

Após Belinda ter demonstrado como fazer as frases com "Eu me pergunto...", ela leu as informações sobre a pradaria em voz alta, pedindo aos alunos que prestassem atenção para ver se conseguiam responder a suas perguntas na coluna "Eu me pergunto...". Nesse momento, ela pediu que os alunos encontrassem as respostas no texto. Ela ajudou-os a escrever suas respostas na coluna "Eu sei...". A seguir, pediu que eles seguissem os mesmos passos com as seções sobre a floresta tropical e os desertos. Os alunos trabalharam em duplas para completar as tabelas.

REFERÊNCIAS*

Oczkus, L. (2004). *Super six comprehension strategies: 35 lessons and more for Reading success*. Norwood, MA: Christopher Gordon.
Biomes ThinkQuest. Extraído de *library.thinkquest.org/08aug/00473/spotlight.htm*.

É COM VOCÊ!

Escolha um texto informativo do apêndice desse livro ou um de sua preferência. Mostre aos seus alunos como completar a tabela Eu vejo... Eu me pergunto... Eu sei... Então, faça-os completar as colunas "Eu vejo..." e "Eu me pergunto..." antes de ler o texto, para depois completar a coluna "Eu sei...".

---

* N. de R.T.: Em português: Fulgêncio, L.; Liberato, I. *É possível facilitar a leitura*. São Paulo: Contexto, 2007.

Tabela: Eu vejo..., Eu me pergunto..., Eu sei...

Diretrizes: Dê uma olhada nas ilustrações e nos títulos do seu livro. Anote o número da página na coluna 1, o que você vê na coluna 2 e o que você se questiona na coluna 3. Após ler o texto, anote as respostas para as suas indagações da coluna "Eu me pergunto..." na coluna "Eu sei...".

Página	Eu vejo...	Eu me pergunto...	Eu sei...
	Eu vejo	Eu me pergunto	Eu sei
	Eu vejo	Eu me pergunto	Eu sei
	Eu vejo	Eu me pergunto	Eu sei

Extraído de *35 estratégias para desenvolver a leitura com textos informativos*, de Barbara Moss e Virginia S. Loh. © 2012, Penso Editora Ltda. Permissão para fazer fotocópia garantida aos compradores deste livro somente para uso pessoal.

Estratégia 8
Previsão de conteúdo

Todas as séries

Começando
Ganhando prática
Vocabulário
Compreensão
Escrita

O QUE É ISSO?

A Previsão de Conteúdo é uma estratégia específica para textos informativos e pode ser usada para todas as séries. Para usarem a Previsão de Conteúdo, os alunos devem realizar previsões acerca do conteúdo do texto informativo criando um sumário (ou tabela de conteúdos) para o texto baseada em suas previsões. Os estudantes podem começar a ter uma ideia do conteúdo de uma obra ao ler o título e examinar a capa. Além de identificar possíveis tópicos dentro do texto, criar um sumário requer que os alunos considerem de que forma o texto está organizado.

QUAL O SEU PROPÓSITO?

O propósito da Previsão de Conteúdo é ajudar os alunos a ativarem seu conhecimento prévio acerca de um determinado tópico e a fazerem previsões quanto ao possível conteúdo do texto. Essa estratégia força os estudantes a especularem sobre o tópico que será tratado em um texto informativo, além de fazê-los examinar a organização textual, já que eles devem não apenas identificar o conteúdo, mas também considerar como ele se organiza no sumário.

O QUE EU FAÇO?

1. Faça os alunos localizarem o sumário de um texto. Revise com eles o que é o sumário e como ele ajuda o leitor a compreender o assunto a ser estudado, a organização das informações do texto e a forma como localizar essas informações.
2. Dê aos seus alunos diversos livros informativos que tenham um sumário; ou dê-lhes o título de um capítulo no livro de apoio ou *site* da internet.
3. Instrua seus alunos a não abrirem os livros. Faça-os considerar o título e examinar a capa do livro, se estiver disponível.
4. Organize os alunos em duplas. Dê-lhes uma folha com a Previsão de Conteúdo.
5. Pergunte aos alunos o que eles acham que estará incluído no sumário. Peça-lhes que também considerem o modo como as informações estarão organizadas no sumário. Faça-os registrar seu "sumário" na Previsão de Conteúdo.
6. Faça os alunos compartilharem os sumários que criaram com o resto da turma.
7. Faça os alunos abrirem os livros e compararem seus sumários com o sumário utilizado pelo autor. Esclareça que não existe um modo único de organizar informações; o autor poderia usar muitos modos distintos de organizá-las.

EXEMPLO

Marilyn Cates é professora da 3ª série e está ensinando o que são textos informativos. E apesar de seus alunos terem desenvolvido a habilidade de fazer previsões acerca de textos narrativos, ela está mais interessada em ajudá-los a prever o conteúdo encontrado em textos informativos.

Marilyn começou a lição da Previsão de Conteúdo revisando com seus alunos a forma e o propósito do sumário. Ela fez os alunos se referirem ao sumário em seu livro de estudos sociais. Ela mostrou o título de cada seção do sumário, assim como sua página e localização. Ela mostrou a seus alunos que o título da seção no sumário é o mesmo do capítulo na página indicada. Marilyn usou o livro *The life cycle of an earthworm* (Kalman, 2004) para demonstrar que o sumário indica como o livro está organizado. Logo, os estudantes perceberam facilmente que o livro estava organizado cronologicamente.

Após essa introdução, Marilyn entregou diversos livros informativos de fácil leitura da National Geographic Society em que constavam sumários. Ela pediu a seus alunos que não abrissem os livros. Antes, ela demonstrou como examinar a capa e o título para então criar um sumário a partir da Previsão de Conteúdo. A seguir, ela fez a turma inteira criar um sumário para outro livro.

Nesse momento, Marilyn organizou os alunos em duplas e deixou cada par selecionar um livro. Os estudantes criaram sumários para seus livros e os registraram no formulário (ver a seguir). Então, Marilyn pediu a seus alunos que compartilhassem seus livros e seus sumários com o restante da turma. Adiante, é demonstrado o sumário de uma das duplas para o livro *Time for kids: our world* (Walsh, n.d.).

EXEMPLO DE PREVISÃO DE CONTEÚDO

Título do livro Our world   **Autor** Kenneth Walsh

Capítulo 1 A água e o nosso mundo

Capítulo 2 O ar e o nosso mundo

Capítulo 3 As plantas e o nosso mundo

Capítulo 4 Os desertos e o nosso mundo

Finalmente, Marylin disse aos alunos que eles podiam abrir seus livros e ver o sumário. Os alunos discutiram entre si as semelhanças e diferenças entre os seus sumários e os dos livros. Marylin lembrou-lhes que os autores organizam as informações de muitas formas, e não há uma maneira única para se organizar as informações em um texto informativo.

REFERÊNCIAS*

Kalman, B. (2004). *The life cycle of na earthworm*. New York: Crabterr. (I).
Walsh, K. (n.d.). *Time for kids: our world*. New York: Time. (I).

É COM VOCÊ!

Apresente a seus alunos a Previsão de Conteúdo usando um livro de apoio, um dos livros sugeridos no apêndice deste livro ou outro de sua preferência. Faça-os completar o formulário de Previsão de Conteúdo fornecido na próxima página.

---

* N. de R.T.: Kleiman, A. *Leitura, ensino e pesquisa*. São Paulo: Pontes, 2008.

Previsão de conteúdo

Diretrizes: Olhe a capa e a contracapa do seu livro sem abri-lo. Quais você acha que serão os títulos dos capítulos? Em que ordem eles vão estar? Registre suas respostas abaixo.

Título do livro _____ **Autor**_____

Escreva suas previsões para os capítulos deste livro nas linhas abaixo.

Capítulo 1 _____

Capítulo 2 _____

Capítulo 3 _____

Capítulo 4 _____

Capítulo 5 _____

Capítulo 6 _____

Você pode adicionar mais capítulos caso seja necessário.

Extraído de *35 estratégias para desenvolver a leitura com textos informativos*, de Barbara Moss e Virginia S. Loh. © 2012, Penso Editora Ltda. Permissão para fazer fotocópia garantida aos compradores deste livro somente para uso pessoal.

Estratégia 9
Imagine, elabore, prediga e confirme

3ª série do ensino fundamental – 3º ano do ensino médio

Começando
Ganhando prática
Vocabulário
Compreensão
Escrita

O QUE É ISSO?

A estratégia Imagine, Elabore, Prediga e Confirme (IEPC) (Vacca e Vacca, 2008) requer que os estudantes visualizem (Imagine) e verbalizem (Elabore), as quais são habilidades importantes da compreensão de leitura. Além disso, a estratégia IEPC encoraja os alunos a realizarem previsões (Prediga) e a se referirem ao texto para checar ou modificar essas previsões (Confirme). Desse modo, os alunos estão também trabalhando suas habilidades de pensamento crítico. Essa estratégia é especialmente útil como suplemento de textos que não têm gravuras. (Conforme os estudantes vão passando de ano, suas leituras terão cada vez mais texto.)

A estratégia IEPC também funciona como uma atividade de antecipação, na qual os alunos são apresentados a um assunto, aplicam seu conhecimento prévio e então precisam aprender mais sobre o assunto.

QUAL O SEU PROPÓSITO?

De acordo com Lenihan (2003), muitos estudantes, particularmente os que não são falantes nativos da língua do texto ou que têm problemas de leitura, têm dificuldades de criar imagens mentais de um texto, especialmente se se trata de um capítulo de livro ou de um livro sem gravuras; como resultado, esses alunos também têm dificuldade de compreender o conteúdo. A estratégia IEPC encoraja os estudantes a usarem sua habilidade imaginativa visual e de realizar previsões para aumentar sua compreensão textual.

O QUE EU FAÇO?

Os procedimentos para a estratégia IEPC são os seguintes (Wood, 2001):
1. Selecione um texto relacionado ao tópico estudado. A seguir, escolha uma passagem específica que tenha o conteúdo adequado para desenvolver a imaginação e que apresente o tópico a ser estudado.
2. Distribua a tabela IEPC ou faça seus alunos dobrarem uma folha de papel horizontalmente em quatro colunas nomeadas de acordo.
3. Aponte a coluna "Imagine": estabeleça um propósito para a leitura e peça aos alunos que imaginem uma cena enquanto você lê a passagem em voz alta. Faça-os fechar os olhos e encoraje-os a usar seus sentidos pensando em gostos, cheiros, visões e sentimentos associados com o assunto.
4. Peça aos alunos que registrem suas imagens em palavras ou figuras na coluna "Imagine". Se eles desenharem a imagem, peça-lhes que deem um título.
5. Faça seus alunos compartilharem suas imagens com um parceiro ou um grupo.
6. Aponte a coluna "Elabore": faça seus alunos considerarem as respostas iniciais de seus colegas. Peça-lhes que pensem em detalhes adicionais associados à cena que visualizaram originalmente. As seguintes perguntas podem ser usadas para estimular suas respostas:
   – O que você aprendeu falando com seu colega?
   – O que você havia esquecido e que lembrou ao falar com os colegas?
   – Quais conexões textuais você pode fazer? (Por exemplo, faça seus alunos estabelecerem uma conexão do texto com eles mesmos, com o texto ou com o mundo.)
7. Peça aos estudantes que registrem aquilo que elaboraram na coluna "Elaboração".
   – Aponte a coluna "Prediga": faça seus alunos usarem a informação que escreveram nas duas colunas anteriores para fazer previsões sobre o conteúdo encontrado no resto do texto. Faça as seguintes perguntas orientadoras:

– Sobre o que você acha que será o resto do livro?
– O que você acha que vai acontecer a seguir?
8. Peça aos estudantes que registrem suas previsões na coluna "Prediga".
9. Faça os alunos lerem o resto do texto independentemente ou leia-o em voz alta para toda a turma.
10. Aponte a coluna "Confirme": encoraje seus alunos a consultarem suas previsões durante e depois da leitura. Faça as seguintes perguntas:
– Suas previsões foram confirmadas? Cite evidências do texto.
– Você teve de modificar suas previsões com base no que aprendeu do texto? Se sim, como e por quê?
11. Peça aos alunos que registrem suas confirmações e modificações na coluna "Confirme".

EXEMPLO

A Srta. Franny Prall é professora do último ano do ensino médio dos Estados Unidos. Durante as duas últimas semanas de aula, ela queria abordar o assunto do ativismo social. Já que seus alunos estavam indo para a faculdade, ela queria que eles soubessem da importância de agir tanto pessoal quanto politicamente. Ela os fez estudar figuras contemporâneas que fizeram diferença significativa na política nacional, tais como Barack Obama, o primeiro presidente afro-americano dos Estados Unidos; Aung Sang Suu Kyi, a representante da luta de Burma pela democracia; Vaclav Havel, o primeiro presidente da República Tcheca; e Nelson Mandela, o líder do movimento dos direitos civis da África do Sul.

Além desses líderes mundiais famosos, a Srta. Pall também queria demonstrar que as pessoas "comuns" podem fazer diferença. Por esse motivo, ela escolheu apresentar a seus alunos Greg Montesoro, um montanhista norte-americano que se tornou humanitário e que constrói Escolas na Ásia Central. Como texto, ela usou *Three cups of tea; one man's journey to change the world... one child at a time* (Thomson, Mortenson e Relin, 2009). Essa versão é adaptada para jovens adultos; é mais curta e mais focada em crianças do que o *best-seller* original.

A Srta. Prall distribuiu uma Tabela IEPC e leu um excerto do livro descrevendo como a filha de Greg Mortenson se sentia ao ver o pai longe o tempo todo construindo escolas para crianças em países pobres e como ela lidava com os perigos que ele enfrentava, incluindo ameaças de morte. A Srta. Prall estabeleceu o propósito da leitura dizendo aos alunos que queria que eles prestassem atenção em como as tensões globais podem ter impacto nas vidas de certas famílias. Ela pediu que eles visualizassem e imaginassem como a garotinha deve ter se sentido. Então, os fez discutir o que haviam imaginado e registrar suas elaborações nas colunas "I" e "E" da tabela, respectivamente. A seguir, pediu que os estudantes previssem sobre o que eles achavam que seria o resto do livro. Como tema de casa, ela os fez ler várias seções do livro. Na aula no dia seguinte, eles completaram a coluna "C" da tabela. A isso se seguiu uma discussão com toda a turma.

A estratégia IEPC serviu como trampolim para a tarefa escrita designada pela Srta. Prall, em que os alunos deveriam escrever sobre como eles são pessoalmente afetados pelas tensões globais – como a guerra no Iraque, a crise econômica, o aquecimento global e assim por diante – e o que eles podem fazer a respeito, tanto em nível local quanto global.

REFERÊNCIAS[*]

Lenihan, G. (2003). Reading with adolescentes; Constructing meaning together. *Journal of Adolescent and adult literacy*, 47(1), 8-12.
Thomson, S., Mortenson, G., & Relin, D. O. (2009). *Three cups of tea: One man's journey to change the world... one child at a time*. New York: Puffin. (YA).
Vecca, R. T., & Vacca, J. L. (2007). *Content area reading: Literacy and learning across the curriculum* (9th ed.). Boston: Allyn & Bacon.
Wood, K. D. (2001). *Literacy strategies across the subject areas: process-oriented blackline masters for the k-12 classroom*. Boston: Allyn & Bacon.

É COM VOCÊ!

Selecione um livro informativo que aborde um assunto relevante do seu currículo. Use um texto do apêndice no fim desse livro ou um texto de sua preferência. Identifique cuidadosamente um texto com uma boa passagem introdutória que estimule a imaginação e crie antecipação. (Seria útil, para os estudantes, usar um texto sobre o qual eles tenham conhecimento prévio.) Instrua seus alunos a fechar os olhos e registrar suas imagens mentais sob a coluna "I" na Tabela IEPC. A seguir, mostre como fazer para as elaborações (E) e as previsões (P). Por último, mostre a eles como consultar o texto para confirmar e/ou modificar (C) suas ideias.

---

[*] N. de R.T.: Em português: Curto, L.; Moriiio, M.; Teixidó M.; *Escrever e ler*, vol. 2 2002. Porto Alegre: Artmed.

Tabela IEPC

IMAGINE I	ELABORE E	PREDIGA P	CONFIRME C

Extraído de *35 estratégias para desenvolver a leitura com textos informativos*, de Barbara Moss e Virginia S. Loh. © 2012, Penso Editora Ltda. Permissão para fazer fotocópia garantida aos compradores deste livro somente para uso pessoal.

Parte III

Estratégias de **Vocabulário**

Estratégia 10
Mapa vocabular

3ª série do ensino fundamental – 3º ano do ensino médio

Começando
Ganhando prática
Vocabulário
Compreensão
Escrita

O QUE É ISSO?

Os Mapas Vocabulares (Schwarts e Raphael, 1985) fornecem aos estudantes um modo de organizar informação conceitual à medida que buscam não apenas identificar, mas também compreender uma palavra. Esse mapa específico ilustra a classe ou a categoria à qual o conceito pertence, seus atributos ou suas características, e exemplos do conceito. Os Mapas Vocabulares podem ser usados com alunos da 3ª série em diante, sendo igualmente efetivos antes e depois da leitura.

QUAL O SEU PROPÓSITO?

Os Mapas Vocabulares são úteis para apresentar aos alunos vocábulos que eles provavelmente irão encontrar em sua leitura ou para ajudá-los a refletir sobre o significado das palavras após completar a leitura. Eles fazem os alunos pensarem profundamente sobre as palavras e lhes dão a oportunidade de registrar seus pensamentos em um organizador visual. Desse modo, os alunos aumentam sua compreensão do vocabulário acadêmico encontrado em várias áreas de conteúdo.

O QUE EU FAÇO?

1. Para criar um Mapa Vocabular, o professor ou os alunos devem, primeiramente, escrever o nome do conceito sendo tratado no centro do mapa.
2. A seguir, eles respondem a pergunta "O que é isso?" pensando em uma palavra ou frase que indique a resposta.
3. Depois disso, os alunos precisam identificar uma lista de três exemplos do conceito ("Quais são alguns exemplos?") nas caixas apropriadas.
4. Então, os alunos identificam atributos ou propriedades do conceito ("Como ele é?"). Estudantes mais avançados podem ser encorajados a listar metáforas e sinônimos da palavra.

EXEMPLO

Os alunos de Alan Brugman, professor de 4ª série, estavam estudando direitos civis durante um mês de estudos de história afro-americana. Eles estudaram a vida e a obra de Martin Luther King Jr., de Rosa Parks e de outros ativistas dos direitos civis. Como parte do estudo, Alan leu o livro *Teammates* (Golenbock, 1992) em voz alta par a turma. *Teammates* conta a história da amizade entre Jackie Robinson, o primeiro negro a jogar na liga profissional de *baseball* dos EUA, e Pee Wee Reese, um homem branco vindo do sul dos EUA.

Antes da leitura, Alan apresentou aos alunos o Mapa Vocabular voltado para a palavra *discriminação* (veja o exemplo a seguir). Ele explicou o termo para seus alunos e distribuiu cópias do Mapa Vocabular para cada criança. Ele ajudou seus alunos a preencherem a caixa contendo a pergunta "O que é isso?" com a resposta "preconceito" ou "ser mau com outros por serem diferentes de alguma forma" após explicar o termo para eles. Ele pediu que eles pensassem na palavra *discriminação* conforme lia o livro em voz alta. Após a leitura, pediu que seus alunos dissessem outras palavras que explicassem o que é a discriminação. Os estudantes deram respostas como "mau", "injusto" e "zombar" como exemplos. Por fim, ele pediu aos alunos que trabalhassem em duplas para listar três exemplos de discriminação conforme descrito no livro. Um exemplo de seu Mapa Vocabular completo vem a seguir:

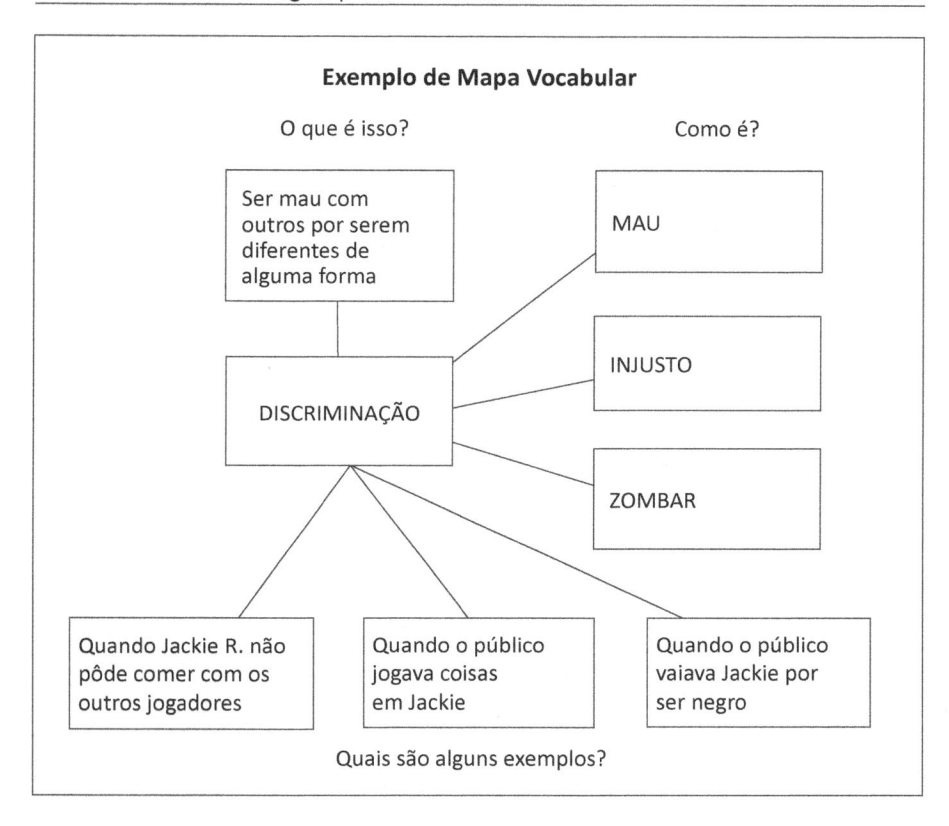

Exemplo de Mapa Vocabular

O que é isso? … Como é?

- Ser mau com outros por serem diferentes de alguma forma
- MAU
- INJUSTO
- ZOMBAR

DISCRIMINAÇÃO

- Quando Jackie R. não pôde comer com os outros jogadores
- Quando o público jogava coisas em Jackie
- Quando o público vaiava Jackie por ser negro

Quais são alguns exemplos?

REFERÊNCIAS

Golenbock, P. (1992). *Teammates*. San Diego, CA: Harcourt Brace Jovanovich. (I).
Schwartz, R. M., & Raphael, T. (1985). Concept of definition: A key to improving students' vocabular. *The reading teacher*, 39, 198-205.

É COM VOCÊ!

Escolha um texto do apêndice desse livro ou um de sua preferência. Escreva uma palavra para um conceito importante encontrado no livro no centro do Mapa Vocabular. Antes e/ou depois de os alunos lerem o texto, faça-os preencher as caixas no Mapa Vocabular respondendo perguntas como: "O que é isso?", "Como é?" e "Quais alguns exemplos?".

Mapa Vocabular

O que é isso?

Como é?

Quais são alguns exemplos?

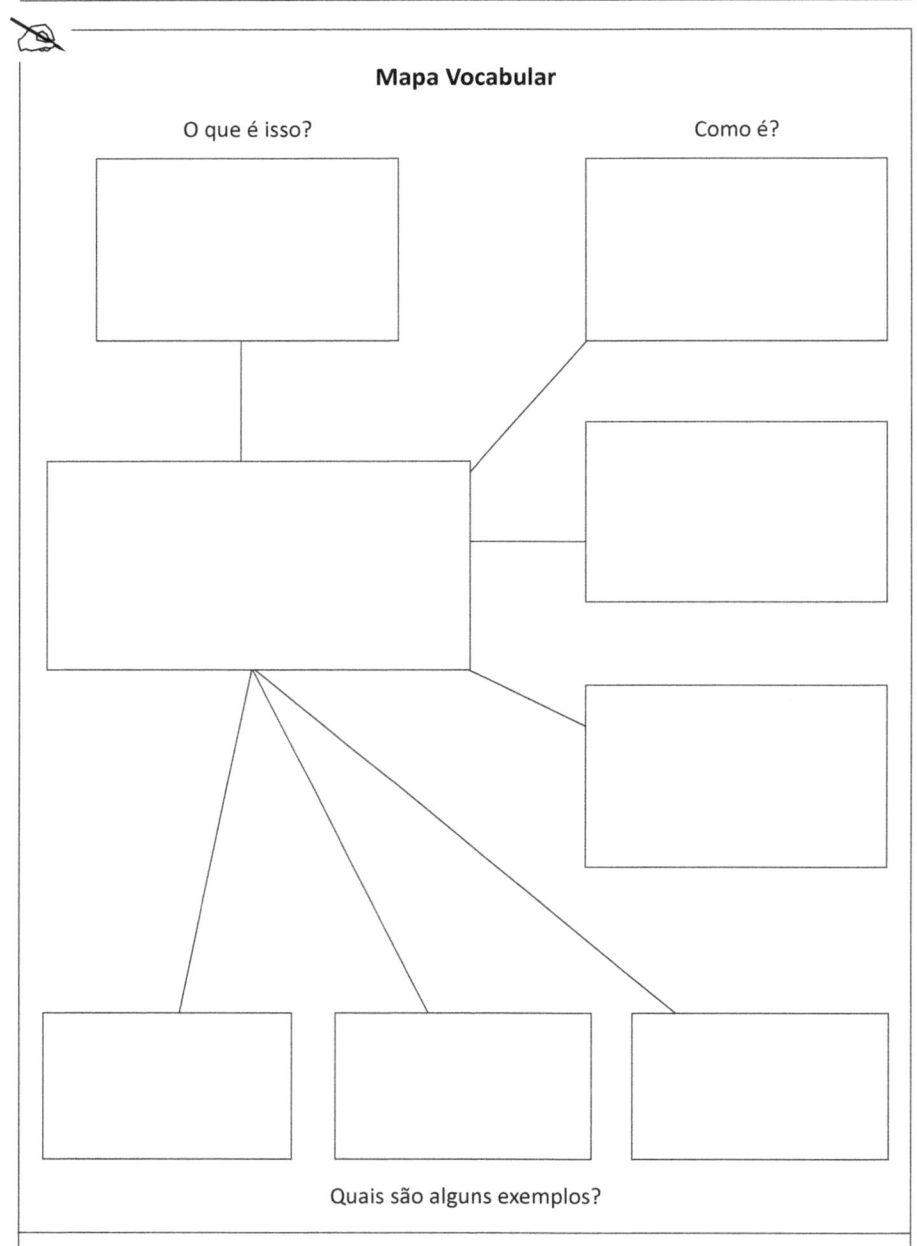

Extraído de *35 estratégias para desenvolver a leitura com textos informativos*, de Barbara Moss e Virginia S. Loh. © 2012, Penso Editora Ltda. Permissão para fazer fotocópia garantida aos compradores deste livro somente para uso pessoal.

Estratégia 11

Liste-Agrupe-Nomeie

3ª série do ensino fundamental – 3º ano do ensino médio

Começando
Ganhando prática
Vocabulário
Compreensão
Escrita

O QUE É ISSO?

O Liste-Agrupe-Nomeie (Taba, 1967) é uma forma de *brainstorming* que ajuda os estudantes a realizar previsões sobre o vocabulário que irão encontrar em uma área particular do conteúdo. Essa estratégia pode ser usada com livros informativos, artigos de revistas ou com livros de apoio. Essa estratégia vai além do *brainstorming* básico, já que os alunos não fazem apenas previsões sobre o vocabulário possível que irão encontrar, mas também caracterizam esses termos. A estratégia Liste-Agrupe-Nomeie é útil para estudantes de quase todas as idades, podendo ser usada antes, durante e depois da leitura.

QUAL O SEU PROPÓSITO?

O propósito da estratégia Liste-Agrupe-Nomeie é ajudar os alunos a verem as relações entre as palavras. Ela requer que os estudantes vão além da memorização de definições, categorizando palavras relacionadas. Ao categorizá-las e então nomear grupos de palavras, os alunos desenvolvem consciência das conexões entre palavras e conceitos.

O QUE EU FAÇO?

1. Escolha um texto informativo apropriado. Livros gerais ou livros de apoio funcionam melhor para essa atividade.
2. Antes que eles leiam, peça que os seus alunos *listem* palavras que eles conhecem relacionadas com o assunto abordado no material de leitura. Eles podem completar esse passo individualmente, em duplas ou em pequenos grupos. Essas palavras devem ser registradas na planilha (ver exemplo).
3. Peça aos seus alunos que *agrupem* palavras relacionadas em categorias. Esses agrupamentos de palavras devem ser registrados na planilha.
4. Após completar esse passo, os estudantes identificam palavras que servem como *nomes* para cada categoria.
5. Nesse ponto, os estudantes leem o material. Durante a leitura, eles devem anotar palavras novas que aprenderam sobe o assunto.
6. Após a leitura, os alunos devem adicionar esses termos novos aos identificados antes da leitura, colocando-os na categoria apropriada. Talvez eles queiram registrar essas palavras na planilha usando uma caneta de cor diferente das usadas para palavras geradas antes da leitura.

EXEMPLO

Mary Cheney, professora de história da 7ª série, usava o livro *Tales Mummies Tell* (Lauber, 2003) para apresentar uma unidade sobre o Egito Antigo. Para ativar o conhecimento prévio dos alunos antes da leitura, ela pediu que eles pensassem, em grupo, em uma lista de palavras relacionadas ao tópico "múmias". A lista dos estudantes aparece a seguir:

Encontradas no Egito
Enterradas em grandes tumbas
Enterradas milhares de anos atrás
Envoltas em tecido
Certos órgãos eram removidos
Preservadas ao longo do tempo
Normalmente reis e rainhas
Colocadas em caixões de madeira
Enterradas com comida e joias

Após listarem essas ideias, os alunos agruparam-nas em categorias. A seguir, eles nomearam as categorias. Suas categorias e nomes estão listados abaixo:

Onde as múmias foram enterradas	Quem eram as múmias	Como elas eram enterradas	Quando as múmias foram enterradas
Encontradas no Egito	Normalmente reis e rainhas	Envoltas em tecido	Enterradas milhares de anos atrás
Enterradas em grandes tumbas		Colocadas em caixões de madeira	
		Enterradas com comida e joias	
		Certos órgãos eram removidos	
		Preservadas ao longo do tempo	

Após a leitura, os alunos adicionaram mais informações a cada categoria, além de uma nova categoria intitulada "Por que os cientistas as estudavam?" (ver p. 70). As palavras **em negrito** indicam ideias que foram adicionadas às categorias iniciais.

REFERÊNCIAS

Lauber, P. (2003). *Tales Mummies Tell*. New York: Scholastic. (M).
Taba, H. (1967). *Teacher's handbook to elementary social studies*. Reading, MA: Addison-Wesley.

É COM VOCÊ

Escolha um texto do apêndice no final desse livro ou um de sua preferência. Faça seus alunos completarem a estratégia Liste-Agrupe-Nomeie. Os alunos deveriam começar com um *brainstorming* sobre o que sabem a respeito desse assunto. A seguir, eles podem agrupar e nomear suas palavras por categorias. Os alunos podem registrar suas respostas na planilha incluída na próxima página.

Exemplo de Liste-Agrupe-Nomeie

Onde as múmias foram enterradas	Quem eram as múmias	Como elas eram enterradas	Quando as múmias foram enterradas	Por que os cientistas as estudam
Encontradas no Egito	Normalmente reis e rainhas	Envoltas em tecido	Enterradas milhares de anos atrás	Para aprender de onde vêm as doenças
Enterradas em grandes tumbas	Podem ser animais	Colocadas em caixões de madeira	Têm até 2100 anos de idade	Para aprender como as doenças mudaram
Encontradas na América do Sul, na Itália, nos EUA, na Rússia e na China	Incluíam gatos e crocodilos	Enterradas com comida e joias		Para saber por quanto tempo as pessoas viviam
	No Peru Antigo, todos eram mumificados	Certos órgãos eram removidos		Para saber o que as pessoas comiam
		Preservadas ao longo do tempo		
		Enterradas com suas posses		
		A mumificação acabou no cristianismo		

Liste-Agrupe-Nomeie

Diretrizes: Antes de ler, **LISTE** 10 palavras relacionadas ao assunto do seu livro.

1   6

2   7

3   8

4   9

5   10

Agora, **AGRUPE** todas as palavras que têm algo em comum em uma coluna. A seguir, **NOMEIE** cada categoria. Escreva o nome em um quadrado no topo da coluna. Depois, faça o mesmo para as colunas restantes.

Após ler o livro, adicione novas palavras que você aprendeu em cada coluna.

Extraído de *35 estratégias para desenvolver a leitura com textos informativos*, de Barbara Moss e Virginia S. Loh. © 2012, Penso Editora Ltda. Permissão para fazer fotocópia garantida aos compradores deste livro somente para uso pessoal.

Estratégia 12
Arranjo de palavras

3ª série do ensino fundamental – 3º ano do ensino médio

Começando
Ganhando prática
Vocabulário
Compreensão
Escrita

O QUE É ISSO?

Arranjos de Palavras (Gillet e Mita, 1979) são uma forma de ajudar os estudantes a compreenderem o vocabulário relacionado ao conteúdo encontrado em um texto. Arranjos de Palavras ajudam os alunos a descobrir relações entre palavras e categorizá-las com base nessas relações. Arranjos de Palavras diferem da estratégia Liste-Agrupe-Nomeie (Estratégia 11). Com Liste-Agrupe-Nomeie, eram os próprios alunos que geravam palavras relacionadas a um assunto. Com Arranjos de Palavras, os professores identificam primeiro as palavras-chave do tópico e envolvem os alunos na tarefa de organizá-las logicamente. Há dois tipos de Arranjos de Palavras – os abertos e os fechados. Arranjos abertos requerem que os alunos determinem suas próprias categorias para palavras semelhantes agrupadas juntas. Nenhum aluno gerará categorias iguais às de outros estudantes em um Arranjo de Palavras aberto. Com os arranjos fechados, o professor fornece as categorias aos alunos com antecedência, sendo que eles devem organizar as palavras com essas categorias em mente. Arranjos fechados são tipicamente mais fáceis para os estudantes, visto que as categorias já foram dadas. Arranjos de Palavras podem ser usados como uma atividade anterior à leitura para ativar o conhecimento prévio dos estudantes sobre o vocabulário em um texto. Os Arranjos também podem ser usados como uma atividade posterior à leitura para avaliar o conhecimento dos alunos sobre o que foi lido.

QUAL O SEU PROPÓSITO?

Como a estratégia Liste-Agrupe-Nomeie, o propósito do Arranjo de Palavras é ajudar os alunos a verem relações entre palavras encontradas em textos informativos. Ao organizar palavras que o professor identificou, os alunos ganham familiaridade com esse novo vocabulário do texto.

O QUE EU FAÇO?

1. Escolha um texto relacionado ao conteúdo. Identifique de 15 a 20 termos importantes relacionados ao assunto a ser estudado.
2. Escolha os termos que tenham relação um com o outro para que possam ser categorizados. Escreva ou imprima as palavras em pequenas folhas do tamanho de cartões de negócios (7x12cm deve estar bom).
3. Apresente a atividade do Arranjo de Palavras antes ou depois dos alunos lerem.
4. Dê a cada dupla de alunos um jogo de cartões. Leia as palavras para seus alunos, perguntando-lhes os significados das palavras novas para eles. Certifique-se de que as palavras estejam organizadas em ordem alfabética ou embaralhadas (não em categorias) quando as der para seus alunos.
5. Se os alunos estiverem completando um arranjo fechado, liste as categorias que eles irão utilizar no quadro. Se os alunos estiverem completando um arranjo aberto, diga-lhes para colocar as palavras que têm relação uma com a outra em um grupo, e que deem a esse grupo um nome (também em um cartão).
6. Circule pela sala para verificar o progresso de seus alunos. A seguir, peça para eles explicarem como as palavras foram categorizadas e por quê.

EXEMPLO

Carol Newman, professora de ciências da 8ª série, estava dando aula sobre espécies em extinção. Para tornar esse assunto mais relevante para seus alunos de San Diego, na Califórnia, ela decidiu usar o livro *On the brink of extinction: the california condor*, de Caroline Arnold (1993). Esse livro descreve como os esforços do Zoológico de San Diego conseguiram reintroduzir o condor californiano à vida selvagem após sua quase extinção. Esse livro poderia servir como uma introdução ao passeio estudantil no Zoológico de San Diego, onde os estudantes teriam a oportunidade de ver os condores e aprender a respeito dos esforços dos cientistas para salvá-los.

Carol apresentou o livro envolvendo os alunos em uma discussão sobre o que eles sabiam a respeito de espécies em extinção. A seguir, ela lhes deu a tarefa de ler o livro e discuti-lo em grupos pequenos pelas próximas duas semanas. Após os alunos completarem a leitura, eles formaram duplas para completar esse Arranjo de Palavras aberto. Ela explicou a estratégia do Arranjo de Palavras e deu a cada dupla um jogo de cartões de palavras.

Abutres	Caixas	170g	DDT	Caça
Penhascos	Cavernas	57 dias	4.500m	Urbanização
Colheita	Caçadores	Ratos	Veneno	Social
Piar	3m de envergadura	Primárias	90km/h	monógamos

A seguir, os alunos organizavam suas palavras em grupos e identificavam os termos da categoria no alto de cada coluna.

Características	Áreas de criação	Causas da extinção	Voo	Filhotes
Abutres	Cavernas	DDT	90km/h	57 dias
3m de envergadura	Penhascos	Veneno	4.500m	Piam
Social	Caixas	Caça	Primárias	170g
Caçadores		Urbanização		Colheita
				Ratos

Após completarem o arranjo, os alunos explicaram e compararam seus grupos de palavras e argumentaram em favor das categorias que desenvolveram.

REFERÊNCIAS*

Arnold, C. (1993). *On the brink of extinction: the California condor.* New York: Harcourt Brace Jovanovich. (I,M).
Gillet, J., & Kita, M. (1979). Words, kids and categories. *The reading teacher*, 32, 538-542.

É COM VOCÊ!

Escolha um texto do apêndice no final deste livro ou um de sua preferência. Crie uma lista de palavras relacionadas ao livro que possam ser facilmente categorizadas. Faça seus alunos listarem esses termos na folha da próxima página. A seguir, divida seus alunos em duplas e faça-os organizar as palavras e identificar categorias para cada grupo. Faça seus alunos discutirem seus arranjos e fornecerem argumentos para a forma como agruparam as palavras.

---

* N. de R.T.: Em português: Dionísio, A.P. Verbetes: um gênero além do dicionário. In: A.P.; Machado, A.R. *Gêneros textuais e ensino*. Rio de Janeiro: Lucerna, 2002.

Arranjo de Palavras

1 Diretrizes: Liste as palavras a serem organizadas aqui.

_____ _____ _____

_____ _____ _____

_____ _____ _____

2 Agrupe as palavras similares. Liste as palavras relacionadas nas linhas. Escreva o nome da categoria no topo de cada coluna.

Estratégia 13
Círculos conceituais

3ª série do ensino fundamental – 3º ano do ensino médio

Começando
Ganhando prática
Vocabulário
Compreensão
Escrita

O QUE É ISSO?

Um Círculo Conceitual (Vacca e Vacca, 1999) é um modo de os estudantes estudarem palavras e relacionarem-nas umas às outras. Círculos Conceituais são círculos que foram divididos em seções. Palavras e/ou frases podem ser colocadas em cada seção do círculo. Os estudantes examinam as palavras em cada seção do círculo e nomeiam ou descrevem a relação conceitual entre as seções.

Círculos Conceituais são uma estratégia muito versátil e útil com alunos de todas as idades. Os professores podem usar Círculos Conceituais para que seus alunos identifiquem personagens em uma história, conceitos geográficos como planalto, tundra ou estepe, ou termos científicos como fotossíntese ou mitose. Essa é uma estratégia motivadora que pode ser modificada para que fique mais desafiadora. Além disso, Círculos Conceituais são uma estratégia simples para os alunos criarem por conta própria.

QUAL O SEU PROPÓSITO?

Círculos Conceituais ajudam os alunos a desenvolver a habilidade de generalizar com base em informações específicas e fornecem meios motivadores e envolventes para eles entenderem conceitos de áreas específicas.

O QUE EU FAÇO?

1. Para criar Círculos Conceituais, o professor deve simplesmente identificar conceitos chave que queira ensinar a seus alunos.
2. O professor cria círculos e divide-os em tantas seções chave quanto forem necessárias.
3. A seguir, o professor deve colocar palavras relacionadas ao conceito alvo em cada seção (veja o exemplo a seguir).
4. Enfim, o professor desenha uma linha embaixo do círculo, onde os alunos devem escrever a palavra conceitual.

Modificações nessa estratégia podem envolver a inclusão de uma palavra ou frase que não faça parte de nenhuma seção do círculo ou deixar algumas seções do círculo em branco para que os alunos possam completá-la. Essas atividades requerem que os alunos identifiquem características que não se encaixem em um contexto particular e produzam exemplos de outras que se encaixem.

EXEMPLO

Zoë Allen, professora de 5ª série, estava ensinando seus alunos sobre o corpo humano como parte da unidade de ciências. Seus alunos haviam recentemente completado a leitura do conteúdo do livro de apoio acerca desse tópico, assim como ouvido a porções de *iOpeners: All about the body* (Sinclair, 2005). Para rever as características de cada sistema do corpo, ela pediu que seus alunos completassem os seguintes Círculos Conceituais.

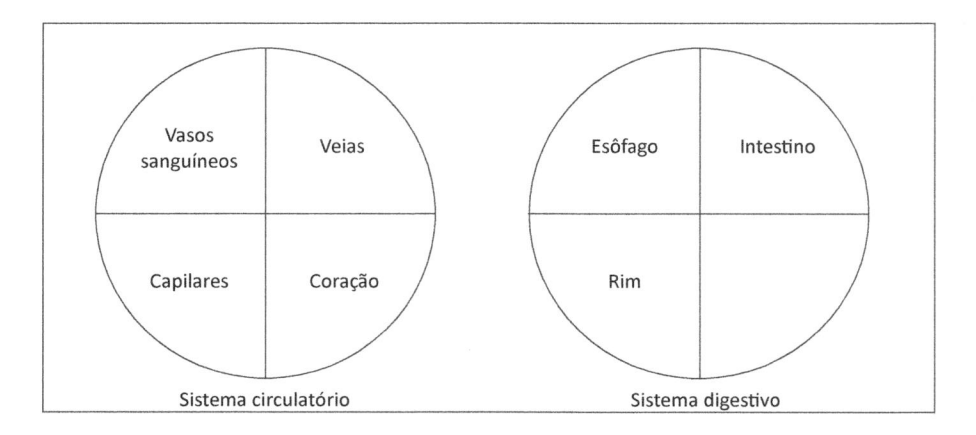

Círculo 1 (Sistema circulatório): Vasos sanguíneos | Veias | Capilares | Coração

Círculo 2 (Sistema digestivo): Esôfago | Intestino | Rim

Os alunos usaram as pistas dentro de cada círculo para determinar o sistema que estava sendo descrito. Em um círculo, Zoë deixou uma seção em branco para os alunos completarem.

REFERÊNCIAS*

Sinclair, J. (2005). *iOpeners: All about the body*. New York: Pearson. (I).
Vacca, R., & Vacca, J. (1999). *Content are reading*. New York: HarperCollins.

É COM VOCÊ!

Escolha um texto do apêndice do final deste livro ou um de sua preferência. Mostre aos seus alunos como completar um Círculo Conceitual sobre os principais conceitos do livro. A seguir, faça-os criar e completar outros Círculos Conceituais na página seguinte. Conforme seus alunos ficam mais proficientes, eles podem criar os próprios Círculos Conceituais.

---

* N. de R.T.: Em português: Elias, V.M.; Koch, I.V. *Ler e compreender os sentidos do texto*. São Paulo: Contexto: 2006.

Círculos conceituais

Diretrizes: Veja as palavras em cada seção do círculo. Pense em uma palavra que essas palavras descrevem e escreva-a na linha abaixo do círculo.

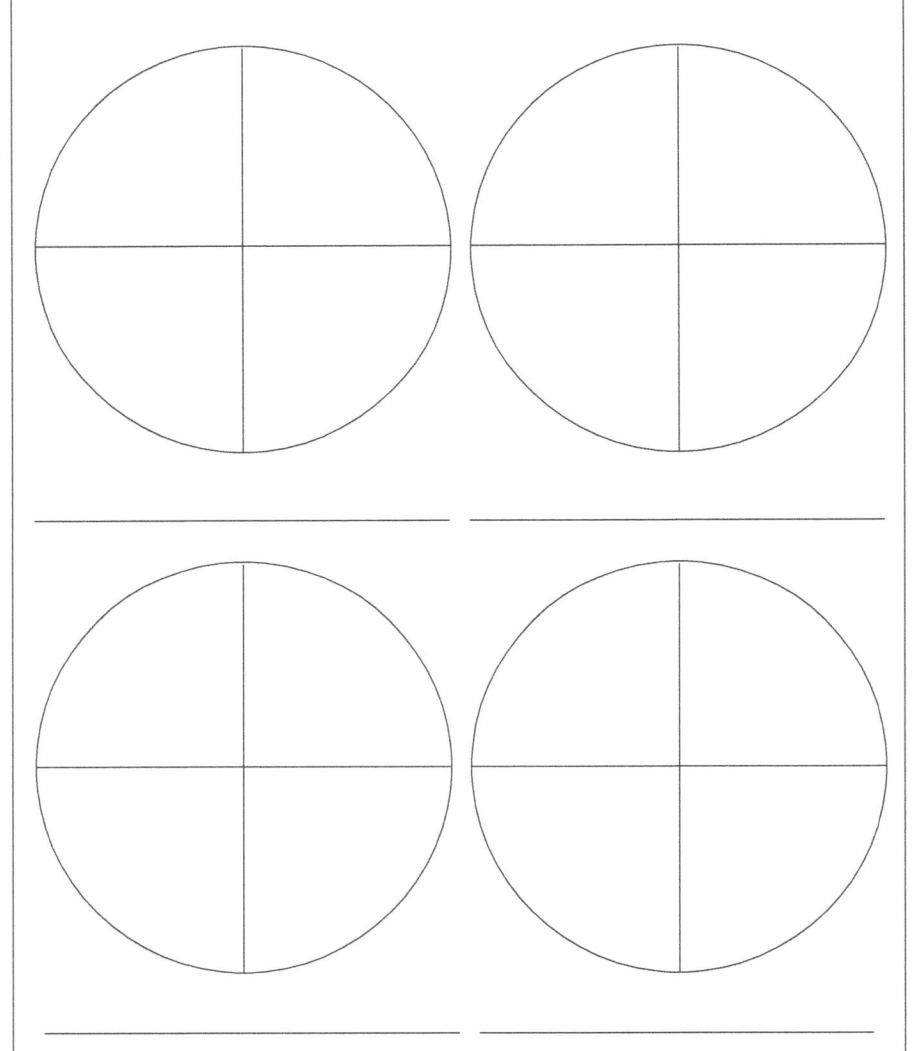

Extraído de *35 estratégias para desenvolver a leitura com textos informativos*, de Barbara Moss e Virginia S. Loh. © 2012, Penso Editora Ltda. Permissão para fazer fotocópia garantida aos compradores deste livro somente para uso pessoal.

Estratégia 14
Análise de características semânticas

3ª série do ensino fundamental – 3º ano do ensino médio

Começando
Ganhando prática
Vocabulário
Compreensão
Escrita

O QUE É ISSO?

A Análise de Características Semânticas (Anders e Bos, 1986) é uma atividade em que os alunos identificam características importantes de um conceito em uma matriz e analisam semelhanças e diferenças entre esses conceitos. A Análise de Características Semânticas pode ser usada como uma atividade anterior à leitura para ativar o que os alunos sabem sobre as palavras. A seguir, os alunos podem reexaminar sua matriz após a leitura para esclarecerem e alterarem suas respostas iniciais. Podem também ser usadas como um exame de compreensão pós-leitura para determinar se os alunos compreendem de que modo conceitos específicos são semelhantes e de que modo são diferentes.

QUAL O SEU PROPÓSITO?

A Análise de Características Semânticas ajuda os alunos a compararem e contrastarem visualmente conceitos com o uso da matriz. Essa estratégia ajuda os alunos a tirarem conclusões com base em informações que estão representadas.

O QUE EU FAÇO?

1. O professor deve, primeiramente, identificar uma categoria de conceitos no tópico que está sendo ensinado. Por exemplo, a categoria pode ser os meios de transporte.
2. A seguir, o professor deve identificar diversos itens dentro da categoria. Usando o exemplo dos meios de transporte, o professor pode identificar termos como *bicicleta* ou *carro*. Deve, então, identificar características que eles têm em comum, tais como os assentos e os pneus.
3. Os termos são listados na coluna à esquerda, e as características em comum são listadas ao longo do topo (veja o exemplo para cobras a seguir).
4. Depois, os estudantes identificam se o exemplo exibe as características marcando "+" ou "-" no quadro apropriado.

EXEMPLO

Os alunos de 6ª série da professora Amy Peale estavam envolvidos em um estudo de répteis. Como parte desse estudo, os alunos leram *Eyewitness juniors amazing snakes* (Parsons, 1993). Após completarem sua leitura, Amy apresentou-lhes uma matriz de Análise de Características Semânticas sobre cobras na câmera de documentos. Na coluna à esquerda, ela listou os vários tipos de cobras mencionados no livro, incluindo jiboias, najas, cascavéis, cobrascorais e cobrascipó. Ao longo do topo, ela listou características das cobras, incluindo "venenosas", "esprema a vítima", "pode comer pessoas" e "bota ovos".

Os alunos trabalharam em grupos para considerar se cada uma das cobras listada na coluna da esquerda tinha as características listadas no alto da página. Eles se dirigiram ao livro para determinar as características que cada cobra possuía. Os alunos discutiram suas respostas enquanto Amy preenchia as matrizes com sinais de "mais" e de "menos" (veja o exemplo). A seguir, ela pediu aos alunos que pensassem em quais cobras eram mais semelhantes e quais eram as mais distintas.

Exemplo de matriz de análise de características semânticas

Tipo de Cobra	Venenosa	Espreme a vítima	Pode comer pessoas	Bota ovos
Jiboia	-	+	+	+
Naja	+	-	-	+
Cascavel	+	-	-	-
Cobracoral	-	-	-	-
Cobracipó	+	-	-	+

REFERÊNCIAS*

Anders, P., & Bos, C. (1986). Semantic feature analysis: na interactive strategy for vocabular development and text comprehension. *Journal of reading*, 20 (7), 610-616.
Parsons, A. (1993). *Eyewitness juniors amazing snakes*. New York: Dorling Kindersley. (I).

É COM VOCÊ!

Escolha um texto do apêndice no fim deste livro, um de sua preferência ou um artigo de jornal ou de revista mencionando pessoas ou conceitos que podem ser comparados com base em seus atributos. Apresente o livro. Apresente a Matriz de Análise de Características Semânticas na página seguinte dizendo aos seus alunos os nomes dos conceitos a serem listados no topo. Diga aos alunos para pensarem sobre estes conceitos e seus atributos conforme leem. Quando tiverem terminado, eles podem completar a matriz em duplas.

---

* N. de R.T.: Em português: Ilari, R. *Introdução à semântica*. São Paulo: Contexto, 2006.

Matriz de Análise de Características Semânticas

Diretrizes: Veja as palavras na primeira coluna. A seguir, olhe para as características de cada palavra na primeira linha. Marque cada característica com um sinal de mais (+) se estiver correta e de menos (-) se não.

Extraído de *35 estratégias para desenvolver a leitura com textos informativos*, de Barbara Moss e Virginia S. Loh. © 2012, Penso Editora Ltda. Permissão para fazer fotocópia garantida aos compradores deste livro somente para uso pessoal.

Estratégia 15
Frases possíveis

3ª série do ensino fundamental – 3º ano do ensino médio

Começando
Ganhando prática
Vocabulário
Compreensão
Escrita

O QUE É ISSO?

Frases Possíveis (Moore e Moore, 1986) apresenta novos vocábulos aos alunos antes de eles lerem um texto ao mesmo tempo em que os envolve na tarefa de prever o conteúdo do texto. Por meio dessas experiências, os alunos desenvolvem disposição cognitiva para a leitura, que também aumenta seu interesse no texto a ser lido.

QUAL O SEU PROPÓSITO?

Frases Possíveis é uma estratégia criada para apresentar vocabulário desconhecido aos alunos antes de lerem um texto. Ela não apenas apresenta esse novo vocabulário antes da leitura, como também ajuda os alunos a ativarem seu conhecimento prévio acerca de palavras desconhecidas vendo-as no contexto e em relação a outras palavras na passagem. Essa estratégia é útil para a maioria das séries, podendo ser usada com quase todo tipo de material expositivo.

O QUE EU FAÇO?

1. Escolha um texto apropriado ao nível de seus alunos.

2. Identifique de 7 a 10 vocábulos-chave no texto. Esses termos devem representar conceitos importantes encontrados no texto, incluindo termos completamente novos aos estudantes, assim como outros que lhes sejam familiares.
3. Apresente os termos aos alunos na câmera de documentos.
4. Peça para os alunos criarem uma frase que possa aparecer no texto combinando dois dos termos-chave. Siga esse procedimento até os alunos terem criado frases com todas as palavras.
5. Peça para os alunos lerem a seleção, pensando sobre as frases que eles criaram. Conforme eles leem, pense se as frases por eles geradas são verdadeiras com base na informação do texto.
6. Após a leitura, os alunos devem avaliar cada frase, identificando as verdadeiras e as falsas. A seguir, eles devem mudar as frases falsas de modo que se adequem à informação do texto.

EXEMPLO

Os alunos de 5ª série do professor Kevin Green estavam estudando o espaço. Eles estavam se preparando para ler o capítulo do livro de Sally Ride e Susan Okie (1995), *To space and back*. Contudo, antes de lerem, Kevin os fez criar Frases Possíveis. Primeiro, ele apresentou essas palavras na câmera de documentos: *falta de peso, astronauta, enjoo espacial, órbita, nave, cápsula* e *foguete*. Ele mostrou como se faz primeiro combinando as palavras *astronauta* e *órbita* em uma frase. A seguir, os alunos criaram as próprias frases. Alguns exemplos estão listados abaixo:

1 O *astrounauta* estava na *órbita* da Terra.
2 *Enjoo espacial* vem de ficar trancado dentro da *nave* espacial.
3 A *nave* espacial é impulsionada por *foguetes*.
4 A *falta de peso* ocorre devido à *gravidade* zero.

Após lerem o trecho, os alunos determinaram quais frases de fato se encontravam no trecho e estavam corretas com base na informação do texto. Eles marcaram as frases que eram verdadeiras. Nesse caso, descobriram que a frase 2 estava incorreta, já que o enjoo espacial vem da falta de peso, e não do confinamento na cápsula. Os alunos modificaram a frase para refletir esse fato.

REFERÊNCIAS

Moree, J., & Moore, S. A. (1986). Possible sentences. In E. K. Dishner, T.W. Bean, J. E. Readance, & D. W. Moore (Eds.), *Reading in the content areas: improving classroom instruction* (2nd ed., pp. 196-201). Dubuque, IA: Kendall/Hunt.

Ride, S., & Okie, S. (1995). *To space and back*. New York: Lothrop, Lee & Shepard. (P).

É COM VOCÊ!

Experimente as Frases Possíveis com um texto do apêndice ao final deste livro ou com um de sua preferência. Anote vocábulos chave na folha da próxima página. A seguir, junte-as em frases. Após a leitura, faça os alunos avaliarem se as frases estão corretas e, caso contrário, modificarem as incorretas.

---

* N. de R.T.: Em português: Ilari, R. *Introdução ao estudo do léxico*. São Paulo: Contexto, 2006.

Frases possíveis

1 Diretrizes: Registre os termos chave nessas linhas.

_____

_____

_____

_____

_____

2 Registre frases possíveis aqui. Cada frase deve conter duas das palavras acima.

1. _____

2. _____

3. _____

4. _____

5. _____

3 Após a leitura, marque as frases verdadeiras. Corrija as falsas.

Extraído de *35 estratégias para desenvolver a leitura com textos informativos*, de Barbara Moss e Virginia S. Loh. © 2012, Penso Editora Ltda. Permissão para fazer fotocópia garantida aos compradores deste livro somente para uso pessoal.

Parte IV

Estratégias de **Compreensão**

Estratégia 16
Intervalo de três minutos

Todas as séries

Começando
Ganhando prática
Vocabulário
Compreensão
Escrita

O QUE É ISSO?

Como os alunos são inundados com informações, há uma grande chance de lhes faltarem oportunidades para refletir sobre elas e processá-las adequadamente. O Intervalo de Três Minutos (Marzano et al., 1992; McTighe e Lyman, 1988) é uma estratégia que dá aos estudantes a oportunidade de refletir de modo a aumentar a retenção de conhecimento. Em momentos estratégicos, os professores dão aos alunos a oportunidade de parar por três minutos, um intervalo educacional. Eles usam esse tempo para refletir sobre os conceitos e as ideias que foram apresentados para estabelecer conexões a conhecimentos/experiências prévias, e/ou buscar esclarecimentos.

O Intervalo de Três Minutos tem muitas formas; a mais popular é "Pense-Agrupe-Compartilhe". A ideia é estabelecer um padrão de pausas regulares para permitir que seus alunos tenham tempo de processar seu aprendizado.

QUAL O SEU PROPÓSITO?

O propósito do Intervalo de Três Minutos é fazer os alunos negociarem e construírem os próprios significados acerca do assunto. Para que sejam consumidores críticos de informação, os alunos devem ter tempo tanto para refletir sobre novas aprendizagens quanto para verbalizá-las. O melhor modo de os alunos aprenderem sobre um determinado assunto é manipulando-o, mesmo que essa manipulação ocorra dentro da própria cabeça. Pensar envolve a manipulação de ideias, e essa estratégia cria uma excelente oportunidade para que isso ocorra.

O QUE EU FAÇO?

Os professores precisam dar a seus alunos oportunidades frequentes de refletir sobre seu aprendizado. Sem esse momento de reflexão, os alunos podem ter conhecimento incompleto sobre o que está sendo ensinado; assim, frequentemente acontece de os professores terem de "re-ensinar". O Intervalo de Três Minutos é eficiente e imediatamente útil, necessitando de muito pouca preparação; o professor deve implementá-lo deliberadamente em momentos cruciais e relevantes durante o texto e/ou a instrução. Os passos são os seguintes:

1. Escolha e apresente um texto em voz alta, na câmera de documentos, em uma palestra com Power Point, etc.
2. Pare em alguns pontos e faça seus alunos se juntarem em duplas ou em grupos para seu Intervalo de Três Minutos. Use um relógio para facilitar essa pausa, além de criar uma sensação de urgência e eficiência.
3. Primeiro, peça aos alunos que resumam os pontos-chave apresentados até o momento. Dê-lhes um minuto para completar essa tarefa.
4. Segundo, peça aos alunos que considerem conexões com eles, com outros textos e/ou com o mundo ou a sociedade como um todo. Dê-lhes um minuto para completar essa tarefa.
5. Terceiro, peça aos alunos que façam perguntas. Algumas formas de instigá-los:
   – Existe algo que ainda não ficou claro?
   – Existem partes confusas?
   – Você tem problemas estabelecendo conexões?
   – Você tem como antecipar aonde estamos nos dirigindo?
   – Quais você acha que são as grandes ideias?
   – Dê-lhes um minuto para completar essa tarefa.

6. Apresente o segmento de informação seguinte e repita cada passo. Essa estratégia pode ser modificada de diversos modos; o aspecto mais importante da estratégia é fazer os alunos pensarem sobre o que estão aprendendo. Uma analogia a se considerar é a necessidade de "salvar" quando estamos trabalhando em nossos computadores; nossos alunos precisam de um momento para "salvar" a informação que você apresenta.

EXEMPLO

Gene Batchelder é professor de história mundial da 8ª série. Ele deu aulas sobre Confucionismo em que os alunos tinham que analisar as influências do confucionismo e de mudanças no pensamento confucionista durante os períodos Sung e Mongol.

Gene está muito familiarizado com a estratégia Pense-Em-dupla-Compartilhe (uma versão popular da estratégia Intervalo de Três Minutos), e usava-a o tempo todo quando começou a dar aulas. (Seu professor de programa de credencial[*] e de mestrado mostrava a estratégia constantemente; ele nunca havia lido a seu respeito ou pesquisado mais a fundo). Contudo, ele percebeu que, quanto mais ele dava aulas e quanto mais pressão ele sentia para cumprir os padrões do estado, menos efetiva se tornava a estratégia. Para que a estratégia Pense-Em dupla-Compartilhe seja efetiva, o professor deve ter um objetivo específico para o aprendizado dos alunos. Gene havia negligenciado esse aspecto da estratégia, e seus alunos estavam conversando de modo geral e despropositado sobre o assunto. Apesar de os estudantes receberem a oportunidade de conversar e processar a informação, eles não estavam retendo as informações completamente. Como o sucesso dessa estratégia depende de instrução explícita, Gene deveria dizer "Eu gostaria que vocês Pensassem Em duplas e Compartilhassem como acham que Confúcio tratava seus alunos".

Na graduação, Gene foi formalmente apresentado ao Intervalo de Três Minutos em um artigo de pesquisa sobre compreensão de leitura e percebeu que a forma como ele estava usando a estratégia era ineficiente; ele preferia o modelo do Intervalo de Três Minutos em vez do Pense-Em dupla-Compartilhe porque era mais estruturado. Ele decidiu mudar

---

[*] N. de T.: Credential Program – nos EUA, para dar aulas, os professores têm de passar por um curso de credenciamento, em que cada estado define quais os requisitos para concluir.

o foco e reutilizar a estratégia para melhor ensinar seus alunos. Ele também queria começar a falar menos para que seus alunos pudessem falar mais. Como era fã de Russel Freedman, usou seu livro informativo, *Confucius: the Golden rule* (Freedman, 2002). Usando a câmera de documentos, Gene apresentou o texto a seus alunos, lendo excertos significativos. Ele parava e fazia seus alunos participarem do Intervalo de Três Minutos. Durante esses intervalos, exibia suas expectativas conforme abaixo. Ele também incorporava inícios de frases criados para ajudar aqueles alunos com dificuldades de estruturar suas respostas:

Regras para o intervalo de três minutos

Primeiro minuto: Com um colega, pense no que você acabou de aprender. Resuma o que você acabou de aprender com Confúcio.

Sugestão: Eu aprendi...

Segundo minuto: Com um colega, estabeleça uma conexão com você, com outro texto ou com a sociedade como um todo baseado no que você aprendeu.
Sugestão: Isso me lembra de...

Terceiro minuto: De forma independente, escreva sua(s) pergunta(s) em uma folha de papel. Você a entregará ao final da aula.

Sugestão: Eu gostaria de aprender mais sobre...

     Gene modificou o Intervalo de Três Minutos; ele fez com que os dois primeiros minutos fossem de discussão oral com um colega e o último minuto uma atividade de escrita individual. Ele havia planejado o que queria que seus alunos fizessem com um colega e sozinhos. Gene estabeleceu essa estratégia como uma rotina em suas aulas, de modo que seus alunos conseguiam pensar em muitas coisas em três minutos.
     Gene usou um relógio e foi sempre muito consistente com o tempo. Após três minutos, ele continuava a ler o texto.
     Ao final da aula, recolhia as folhas de perguntas de cada aluno. Ele usava essa informação para avaliar o aprendizado dos alunos e ajudar a planejar sua próxima aula.

REFERÊNCIAS*

Freedman, R. (2002). *Confucius: The Golden rule.* New York: Arthur Levine Books. (M).
Marzano, R., Pickering, D., Arredondo, D., Blackburn, G., Brandt, R., & Moffet, C. (1992). *Dimensions of learning teacher's manual.* Alexandria, VA: ASCD.
McTighe, J. & Lyman, F. (1998). Cueing thinking in the classroom: the promise of theory-embedded tools. *Educational Leadership,* 45(7), 18-24.

É COM VOCÊ!

Escolha um texto que seja pertinente ao seu assunto de estudo do apêndice no fim deste livro ou um de sua preferência. Use o Guia de Planejamento do Intervalo de Três Minutos para ajudá-lo a decidir onde você vai parar para verificar a compreensão durante a aula.

---

* N. de R.T.: Em português: Bazerman, C. *Gênero, agência e escrita.* São Paulo: Cortez, 2006.

Guia de planejamento do intervalo de três minutos

Título do texto _____ **Autor** _____

Que aprendizados-chave você espera que seus alunos tenham com o texto?	1. 2. 3.
Intervalo de Três Minutos #1 Onde será o intervalo no texto? O que os alunos irão fazer? Como você pretende instigá-los nesse intervalo?	
Intervalo de Três Minutos #2 Onde será o intervalo no texto? O que os alunos irão fazer? Como você pretende instigá-los nesse intervalo?	
Intervalo de Três Minutos #3 Onde será o intervalo no texto? O que os alunos irão fazer? Como você pretende instigá-los nesse intervalo?	

Extraído de *35 estratégias para desenvolver a leitura com textos informativos*, de Barbara Moss e Virginia S. Loh. © 2012, Penso Editora Ltda. Permissão para fazer fotocópia garantida aos compradores deste livro somente para uso pessoal.

ESTRATÉGIA 17
Marca páginas de *Post-it*

Séries: até a 6ª do ensino fundamental

Começando
Ganhando prática
Vocabulário
Compreensão
Escrita

O QUE É ISSO?

A estratégia Marca Páginas de *Post-it* (adaptado de McLaughlin e Allen, 2002) usa *post-its* como marcadores de páginas, e é uma forma de os alunos mais jovens tornarem-se leitores ativos em vez de passivos. A estratégia se concentra em jovens alunos que estão tentando entender textos localizando quatro coisas específicas no texto que estão lendo. O Marca Página de *Post-it* 1, que é referido por um ponto de exclamação (!), envolve a identificação da parte mais interessante do livro pelo estudante. O Marca Página 2, referido por um "V", envolve a identificação, por parte do estudante, de um vocábulo que a turma precisa discutir. O Marca Página 3, referido por um ponto de interrogação (?), envolve a identificação de algo que o estudante achou confuso. O Marca Página 4, referido por um gráfico ou uma tabela, envolve a identificação de uma ilustração, um mapa, uma tabela ou um gráfico que ajudou o leitor a compreender o texto.

QUAL O SEU PROPÓSITO?

O propósito da estratégia Marca Páginas de *Post-it* é ajudar jovens leitores a ler com objetivos específicos em mente. Ao ler para localizar informações específicas, os alunos mantêm clara concentração em sua leitura e identificam informações importantes à sua compreensão do texto. Essa estratégia ajuda os alunos a compreenderem aquilo que leem, levando-os para além da simples identificação de palavras, fazendo-os reconhecer que necessitam construir significado daquilo que leem.

O QUE EU FAÇO?

1. Dê aos seus alunos quatro *post-its*. Explique que eles irão ler para localizar informações específicas no texto.
2. Mostre aos alunos como identificar cada *post-it*. O primeiro marca página será identificado com um ponto de exclamação (!) para a parte mais interessante do texto. O segundo deve ser identificado com um "V" para vocábulos que a turma precisa discutir. O marca página 3 deve ter um ponto de interrogação (?) para lembrar os alunos de identificarem uma parte confusa do texto. O marca página 4 terá uma pequena tabela, feita para fazê-los procurar por uma ilustração, um mapa, uma tabela ou um gráfico que os ajude a compreender o texto.
3. Coloque cada *Post-it* Identificado no quadro. Mostre para os alunos como marcar seus textos com *post-its* lendo textos informativos e pensando em voz alta sobre como você identificou e marcou – com um *post-it* – uma parte interessante, um vocábulo, uma parte confusa e algum auxílio visual que o ajudou a compreender o texto.
4. Dê a cada aluno um texto informativo. Os alunos podem ler o mesmo texto ou cada um pode ter o seu.
5. Envolva seus alunos em atividades pré-leitura relacionadas a seus textos. Entre essas, podem estar incluídas a KWHL (Estratégia 6), os Guias de Antecipação (Estratégia 5) ou a Previsão de Conteúdo (Estratégia 8).
6. Faça seus alunos lerem independentemente, marcando os textos conforme prosseguem.
7. Após os alunos terminarem, junte-os em duplas para compartilharem seus marca páginas.

EXEMPLO

Marva Allegro, professora de 1ª série, queria envolver seus alunos na leitura de mais textos informativos durante a leitura independente. Ela havia comprado uma coleção de textos informativos de fácil leitura e nível apropriado para seus alunos, incluindo títulos da Sundance Publishing e da National Geographic School Publishing.

Marva iniciou sua aula revisando com os alunos exatamente como escolher o livro "certo" para sua leitura independente. Assim que cada aluno identificou um livro, ela os fez ativar seu conhecimento prévio sobre o assunto do texto usando a Previsão de Conteúdo (Estratégia 8). Por meio dessa ativação, os alunos ganharam experiência em pensar sobre os conteúdos do texto que haviam acabado de escolher.

Depois dessa atividade, Marva distribuiu quatro *post-its* para cada aluno. Ela demonstrou como identificar cada *post-it* com os códigos descritos anteriormente. Ela lhes mostrou uma tabela que discriminava o que cada código significava.

Após os alunos terem preparado seus marca páginas, Marva usou o livro *An egg is quiet* (Aston, 2006) para mostrar aos alunos como marcar seus textos com *post-its*. Ela pensou em voz alta enquanto lia o livro para eles, notando quando identificava partes do livro que tratavam de cada um dos *post-its* e mostrando como colocá-los nos lugares apropriados.

Após terminar de demonstrar o processo, seus alunos tiveram a oportunidade de dar uma olhada nos livros que ela havia selecionado. Ela usou a Previsão de Conteúdo (Estratégia 8) para envolvê-los na criação de sumários para seus livros; depois, os alunos trabalharam individualmente para marcar as páginas de seções específicas do texto. Após isso, eles se juntaram em grupos para compartilhar com seus parceiros as páginas que haviam marcado.

REFERÊNCIAS[*]

Aston, D. H. (2005) *An egg is quiet*. New York: Chronicle Books. (P).
McLaughlin, M., & Allen, M. B. (2002). *Guided comprehension: a teaching model for grades 3-8*. Newark, DE; International Reading Association.

É COM VOCÊ!

Escolha um texto apropriado para seus alunos lerem do apêndice no fim deste livro ou deixe-os selecionar os próprios textos. Use os *post-its* de exemplo da próxima página para ajudá-los a criar os próprios Marca Páginas de *Post-it*. Mostre a seus alunos como marcar um texto, depois deixe que realizem a tarefa independentemente.

---

[*] N. de R.T.: Em português: Tardelli, L.S.; Lousada, E.; Machado, A.P. *Resumo*. São Paulo: Parábola: 2008.

Marca páginas de *Post-it*

!	V	?	[zigzag chart image]
Marca página 1	Marca página 2	Marca página 3	Marca página 4
Escreva sobre uma parte interessante do livro	Escreva um novo vocábulo	Escreva sobre uma parte confusa do livro	Marque um auxílio visual (mapa, gráfico, tabela, etc.) que ajudou a compreender o livro

Extraído de *35 estratégias para desenvolver a leitura com textos informativos*, de Barbara Moss e Virginia S. Loh. © 2012, Penso Editora Ltda. Permissão para fazer fotocópia garantida aos compradores deste livro somente para uso pessoal.fotocópia garantida aos compradores deste livro somente para uso pessoal.

ESTRATÉGIA 18
Guia de discussão 4-3-2-1

Séries: até a 6ª do ensino fundamental

Começando
Ganhando prática
Vocabulário
Compreensão
Escrita

O QUE É ISSO?

O Guia de Discussão 4-3-2-1 (adaptado do Guia de Discussão 3-2-1 descrito em Reading Quest – www.readingquest.org) serve como um guia de discussão para trabalho em grupo. Essa estratégia requer que os alunos resumam, esclareçam e analisem o conteúdo.

Para completar o guia, cada grupo deve ler um texto e, então, identificar e registrar quatro novos aprendizados, três comentários/opiniões, duas perguntas e um exame mais aprofundado. Novos Aprendizados referem-se a coisas que os estudantes aprenderam como resultado da leitura do texto. Comentários/Opiniões requerem que os alunos pensem sobre como se sentem sobre os novos aprendizados e/ou sobre o texto; eles devem considerar como o texto os posiciona, quais novos aprendizados referem-se à mensagem do texto, e como eles se sentem sobre a mensagem pretendida. A seção de Perguntas pede que os alunos digam o que não entenderam ou que precisam que seja mais bem explicado. Por último, a seção denominada Exame Mais Aprofundado requer que os alunos respondam às seguintes perguntas: E daí? O que esse texto quer dizer? Como ele se relaciona com a sociedade como um todo?

QUAL O SEU PROPÓSITO?

O propósito do Guia de Discussão 4-3-2-1 é dar aos estudantes uma oportunidade de identificar e refletir sobre a ideia-chave do texto. Os alunos também precisam usar leitura crítica para examinar a autoridade do texto fazendo perguntas e comentários, assim como explorar certas questões com mais profundidade.

O QUE EU FAÇO?

Essa estratégia é mais bem utilizada para trabalhos em grupos de quatro a seis membros. O professor pode querer demonstrar essa estratégia primeiro pensando em voz alta. Talvez você queira ler uma passagem curta e demonstrar suas respostas para o Guia de Discussão 4-3-2-1. Você também pode fornecer modelos de frases ou sugestões dependendo do nível da turma. A tabela a seguir fornece algumas perguntas orientadoras e sugestões:

Perguntas orientadoras e sugestões	
4 Novos Aprendizados	O que você aprendeu do texto? Que fatos novos você aprendeu? Quais são algumas coisas que você não sabia antes de ler o texto? O que você achou interessante? Sugestões: Eu aprendi _____. Foi interessante como _____.
3 Comentários/ Opiniões	O que você achou de _____? O que você achou da mensagem do autor? Como você se sentiu quando _____? O que você mudaria? Você concordou ou discordou de algo mencionado no texto? Algo o surpreendeu? Que conexões textuais você pode estabelecer? Sugestões: Eu acho que _____. Eu senti que _____. Fiquei surpreso com _____. Isso me lembrou de _____.
2 Perguntas	Sobre o que você gostaria de saber mais a respeito? O que você achou confuso? Sugestão: Por que _____? O que é _____?
1 Exame mais aprofundado	Há mais alguma coisa que precise ser esclarecida ou estudada? Sobre que outros assuntos esse texto fez você pensar? Qual o próximo passo? O que esse texto significa no contexto mais amplo? Sugestões: Eu quero aprender mais sobre _____. O próximo passo do autor deveria ser _____.

Os próximos passos podem orientar o uso dessa estratégia:
1. Escolha um texto que discuta o tópico de estudo. Faça todos os seus alunos lerem um texto antes de se reunirem em grupos. O texto pode tanto ficar como tema de casa quanto ser lido em sala de aula.
2. Designe os grupos com suas respectivas funções, especialmente um registrador que irá escrever todas as respostas do grupo. Outras funções possíveis incluem um facilitador para responder às perguntas e orientar a discussão, um cronometrista para administrar o tempo, e um relator para falar em voz alta para o grupo.
3. Faça o registrador anotar o assunto e o título do texto.
4. Faça os alunos conversarem em seus grupos para completarem a Tabela 4-3-2-1. Opcional: faça os relatores compartilharem sua discussão com a turma toda.
5. Recolha os modelos e use a informação para orientar instruções futuras.

Note que o modelo fornecido é uma simples sugestão. Essa estratégia pode ser adaptada de muitas formas diferentes, dependendo daquilo que você está ensinando. Por exemplo, se você está estudando a transição do comunismo para a democracia, pode fazer seus alunos anotarem quatro novos vocábulos que eles aprenderam, três diferenças entre comunismo e democracia, duas semelhanças, e uma dúvida que eles ainda possam ter.

EXEMPLO

O Sr. Buddy Gray dá aula de inglês para a 2º ano do ensino médio. Seus alunos acabaram de ler *The grapes of wrath*, de John Steinbeck (1939). Com base em suas respostas das discussões em aula, ele descobriu que seus alunos não sabiam muito a respeito do Dust Bowl*. Portanto, ele queria contextualizar o livro de Steinbeck fazendo seus alunos lerem alguns textos expositivos sobre o assunto. Ele achava que eles precisavam compreender o contexto histórico do romance para compreendê-lo por completo. Então, como tema de casa, ele os fez ler *Children of the Dust Bowl: the true story of the school at Weedpatch Camp*, de Jerry Stangley (1993).

O Sr. Gray distribuiu o Guia de Discussão 4-3-2-1 e fez os alunos trabalharem em pequenos grupos para o completarem. Depois, ele ajudou a turma

---

* N. de T.: Literalmente, Tigela de Areia. Compreende a década de 1930, em que grandes tempestades de areia causaram severos danos ecológicos e agriculturais às áreas de pradaria dos Estados Unidos e do Canadá.

toda a criar uma conexão texto-a-texto fazendo os alunos completarem um Diagrama de Venn (Estratégia 25), comparando e contrastando a representação de Steinbeck e de Stanley do Dust Bowl nos dois textos.

Lendo as respostas dos alunos, o Sr. Gray descobriu que eles estavam estabelecendo conexões pessoais entre o passado (Dust Bowl, Grande Depressão[*], migração) e eventos atuais (crise econômica, questões de fronteira). Por exemplo, diversos grupos registraram na seção de Comentários/Opiniões o quanto a Grande Depressão lembrava a recessão de hoje, porque "as pessoas perdiam suas casas e seus empregos". Outros estudantes escreveram sobre emigração e imigração; eles anotaram respostas como "Os okies[**] se mudando para o oeste em busca de uma vida melhor me lembrou de minha família imigrando para os Estados Unidos. Ambos os grupos tiveram de lidar com dificuldades e preconceitos". Os alunos estavam claramente estabelecendo conexões entre suas experiências de vida e os textos. Como resultado, o Sr. Gray modificou sua lição daquela semana para incluir discussões sobre esses assuntos, além de uma lição explícita comparando e contrastando políticas nacionais econômicas e de imigração do passado e do presente. Ele queria usar aquilo em que os alunos já estavam interessados e expandir seu conhecimento.

REFERÊNCIAS

Reading Quest: Making sense of social studies. Extraído de *www.readingquest.org*.
Stanley, J. (1993). *Children of the dust bowl: the true story of the school at Weedpatch Camp*. New York: Crown Books for Young Readers. (M).
Steinbeck, J. (1939). *The grapes of wrath*. New York: Penguin Classics. (YA).

É COM VOCÊ!

Escolha um texto pertinente ao seu tópico de estudo do apêndice do fim deste livro ou um de sua preferência. Usando a câmera de documentos, mostre aos seus alunos, pensando em voz alta, como completar os quatro passos do Guia de Discussão 4-3-2-1. A seguir, escolha outro texto sobre o mesmo assunto e faça seus alunos trabalharem em pequenos grupos para completar o guia.

---

[*] N. de T.: Também chamada de Crise de 1929, foi uma grande depressão econômica que teve início em 1929 e que persistiu ao longo de toda a década de 1930, terminando apenas com a Segunda Guerra Mundial; é considerada o pior e mais longo período de recessão econômica do século XX.
[**] N. de T.: Okie, termo criado em 1907 para se referir aos residentes ou nativos do estado de Oklahoma.

Guia de discussão 4-3-2-1

Diretrizes: Complete o formulário abaixo

TÓPICO:	
TEXTO:	
4 Novos Aprendizados	1. 2. 3. 4.
3 Comentários/ Opiniões	1. 2. 3.
2 Perguntas	1. 2.
1 Exame mais aprofundado	1.

Extraído de *35 estratégias para desenvolver a leitura com textos informativos*, de Barbara Moss e Virginia S. Loh. © 2012, Penso Editora Ltda. Permissão para fazer fotocópia garantida aos compradores deste livro somente para uso pessoal.

/ ESTRATÉGIA 19
Cartão de comentário com quatro quadros

4ª série do ensino fundamental – 3º ano do ensino médio

Começando
Ganhando prática
Vocabulário
Compreensão
Escrita

O QUE É ISSO?

O Cartão de Comentário com Quatro Quadros (adaptado de Vacca e Vacca, 2008) é um modelo para orientar discussões de textos informativos em pequenos grupos. O professor fornece quatro "provocações" de pensamento, uma para cada quadro. Cada provocação requer que os alunos pensem sobre o texto de um modo ligeiramente diferente; por exemplo, as provocações que aparecem em cada um dos quadros podem incluir um comentário, uma surpresa, uma pergunta ou uma observação. Esse é o formato mais popular dessa estratégia, e é mostrado no exemplo descrito mais à frente.

Pequenos grupos reúnem-se para discutir um texto específico, usando esse modelo como guia. Em seus pequenos grupos, eles terão a oportunidade de praticar habilidades de construção de consenso, além de outras habilidades de discussão, como tomada de turnos, discordar respeitosamente e assim por diante. Um registrador anota as repostas do grupo e um relator compartilha as respostas com a turma inteira. Em vez de pequenos grupos, esse modelo também pode ser usado para solicitar respostas individuais; assim, essa estratégia também pode ser usada como uma avaliação.

Além disso, essa estratégia é facilmente adaptável à maior parte das séries e níveis de habilidade e a todas as áreas de conteúdo. Por exemplo, para estudantes do ensino médio, sugerimos usar provocações que desen-

volvam a leitura crítica. Perguntas essenciais como as seguintes podem ajudar os professores:
1. Quem constrói os textos cujas representações são dominantes em uma cultura específica em um determinado momento?
2. Como os leitores se tornam cúmplices das ideologias persuasivas dos textos?
3. De quem são os interesses servidos por tais representações e leituras?
4. Como os leitores podem reconstruir leituras e textos iníquos?

Um dos exemplos ao final dessa seção mostra como nós adaptamos esses questionamentos para a estratégia Cartão de Comentário com Quatro Quadros. Além disso, a tabela abaixo esclarece essas provocações em maiores detalhes.

Provocação	Explicação
1. Quem constrói os textos cujas representações são dominantes em uma cultura específica em um determinado momento?	Faça os alunos considerarem a perspectiva e a mensagem do autor. O autor apresenta um ponto de vista dominante e bem aceito? Se sim, por quê? Além disso, os alunos podem considerar fontes de custeio, instituições de pesquisa, etc. *Sugestão*: Quem é o autor? Como o seu ponto de vista aparece no texto?
2. Como os leitores se tornam cúmplices das ideologias persuasivas dos textos?	Faça os alunos considerarem suas posições, ou melhor, suas opiniões sobre a(s) mensagem(ns) do texto. Faça-os pensar sobre como o autor os está persuadindo. Que recursos teóricos ou literários estão sendo usados? Como o autor está tentando convencer os leitores? *Sugestão:* Que mensagens o autor quer que você aceite? Você concorda ou discorda do autor?
3. De quem são os interesses servidos por tais representações e leituras?	Faça os alunos considerarem os públicos-alvo. Quem o autor está tentando persuadir e por quê? Em nome de quem o autor está escrevendo? Quem está se beneficiando? *Sugestão*: De quem são os interesses servidos no texto? Quem se beneficia? Por quê?
4. Como os leitores podem reconstruir leituras e textos iníquos?	Faça os alunos reconsiderarem se eles concordam ou não com a mensagem e como eles mudariam o significado ou os resultados desejados desse texto para se adequar às próprias crenças deles. O que eles removeriam? Que informações acrescentariam? Como deixariam o texto mais equilibrado? Essa parte se refere à ação social e pessoal. *Sugestão*: Como você modificaria o resultado desejado ou o significado desse texto?

Para professores sem experiência em implementar leitura crítica, sugerimos aplicar essas provocações em um anúncio ou propaganda para depois seguir para os textos informativos. Esse Cartão de Comentário com Quatro Quadros em particular vai precisar de uma discussão de toda a turma, com o professor a auxiliar os alunos para maximizar a efetividade.

Gostaríamos de direcionar o leitor aos exemplos fornecidos ao fim dessa seção; nós fornecemos mais exemplos de "provocações" de pensamento que se adequam a diversos níveis e propósitos.

QUAL O SEU PROPÓSITO?

Além de orientar discussões em pequenos grupos, o propósito do Cartão de Comentário com Quatro Quadros é encorajar os estudantes a assumirem uma posição a respeito do texto, alinhando-se aos pressupostos da leitura crítica. A leitura crítica encoraja os leitores e os consumidores a não aceitar o *status quo* passivamente, e sim examinar as dinâmicas subjacentes em jogo e assumir uma de três posições perante um texto:
1. A posição dominante, na qual se aceita a mensagem.
2. A posição negociada, na qual se discute uma afirmação particular, mas se aceita a mensagem em geral.
3. A posição opositora, na qual se rejeita a mensagem (Apple, 1992).

Por meio do Cartão de Comentário com Quatro Quadros, os estudantes são apresentados a múltiplas perspectivas e são encorajados a não confiar passivamente em interpretações de autoridades. Mais importante ainda, os estudantes são requeridos a pensar criticamente e a expressar suas opiniões.

O QUE EU FAÇO?

Essa é uma estratégia de fácil implementação, necessitando de muito pouco preparo; quando usada corretamente, contudo, gera ótimos resultados. Os alunos aprendem como pensar criticamente sobre um texto e são expostos a múltiplas perspectivas sobre o mesmo texto.
1. Escolha um texto informativo que seja ligeiramente controverso e/ou tenha potencial para pontos de vista dissidentes. Por exemplo, um texto sobre sapos não seria efetivo; no entanto, um texto sobre os efeitos do desmatamento no habitat de sapos seria.

2. Escolha que provocações você gostaria de usar. Considere os níveis dos seus alunos, a quantidade de conhecimento prévio que eles têm e o texto que você está usando. Alguns dos exemplos dados nessa seção podem ser empregados em todo o tipo de texto; alguns, como as provocações de leitura crítica, requerem textos específicos. Sugerimos completar o Cartão de Comentário com Quatro Quadros antes de entregá-lo a seus alunos.
3. Faça-os ler o texto antes de implementar essa atividade. (Dar o texto como tema de casa também funciona bem.)
4. Organize os alunos em grupos de quatro a seis membros. Faça-os escolher um registrador e um relator. (Você também pode fazê-los escolher outras funções, como: cronometrista, facilitador e assim por diante.)
5. Faça o relator dobrar uma folha de papel verticalmente e depois horizontalmente para criar os quatro quadros.
6. Mostre suas provocações escolhidas no quadro negro, em uma folha separada, na câmera de documentos e assim por diante. Faça o registrador escrever as provocações em cada um dos quadros.
7. Dê a cada grupo 10-15 minutos para discutir as provocações. (Você talvez queira estabelecer normas para a discussão antes disso.)
8. Faça cada grupo chegar a um consenso para cada provocação. Então, faça o registrador anotar a posição do grupo.
9. Faça o relator compartilhar com os outros grupos. (Se uma câmera de documentos estiver disponível, o relator pode projetar o Cartão de Comentário com Quatro Quadros para todos verem.)
10. Opcional: Você pode registrar as respostas em um modelo grande e compilar os resultados para criar uma opinião da turma. Mas é claro, isso seria uma extensão da tarefa de negociar opiniões e chegar a um consenso.

EXEMPLO

Felix Fortman, professor de história norte-americana da 2ª série do ensino médio, reclama que tem muitos textos que precisam ser lidos em pouco tempo. Ele reconhece que não tem tempo o bastante durante o ano letivo para revisar todos os textos, que são em sua maioria expositivos, e que ele precisa que seus alunos leiam. Como resultado, usa o Cartão de

Comentário com Quatro Quadros como forma de dar a seus alunos uma oportunidade de desconstruir o texto em um curto período de tempo.

Durante uma unidade sobre a Segunda Guerra Mundial que se focava na Ordem Executiva N° 9066*, que exigiu que os alunos fizessem uma busca na internet sobre cidadãos nipo-americanos, ele fez com que os estudantes lessem *A fence away from freedom*, de Ellen Levine (1995), que consiste de histórias orais de nipo-americanos dos campos de concentração combinadas com os comentários de Levine e análises históricas. Felix queria que os alunos compreendessem mais profundamente as experiências pessoas de nipo-americanos durante a guerra para estabelecer conexões pessoais. A pergunta essencial da unidade era "Como a guerra afeta as pessoas?". Antes dessa tarefa de leitura, Felix revisou documentos que serviram como fontes primárias, como a Ordem Executiva N° 9066 e o discurso de Roosevelt, conhecido como o "Dia da Infâmia", que marcou a entrada oficial dos Estados Unidos na Segunda Guerra Mundial em resposta ao ataque japonês em Pearl Harbor. Ele deu o livro de Levine como tema de casa.

Quando os alunos chegaram para a aula no dia seguinte, Felix sabia que ele tinha apenas 20 minutos para dedicar a esse texto. A estratégia Cartão de Comentário com Quatro Quadros forneceu uma forma criativa de permitir discussões críticas aos estudantes, nas quais suas vozes são ouvidas e, ao mesmo tempo, o precioso tempo de aula é maximizado.

Felix contou o número de alunos e dividiu-os em cinco grupos. Ele tinha cartões com funções escritas. Os alunos escolhiam um cartão e se encarregavam de uma das seguintes funções:

1. O registrador, que ficaria responsável por escrever as repostas do grupo para as provocações.
2. O relator, que ficaria responsável por compartilhar os pensamentos do grupo com a turma.
3. O cronometrista, que ficaria responsável por administrar o tempo.
4. O facilitador, que ficaria responsável por fazer as provocações.
5. O revisor, que ficaria responsável por se referir ao texto para procurar ou confirmar detalhes.
6. O mediador, que ficaria responsável por se certificar de que os membros do grupo estão sendo respeitosos.

---

* N. de T.: A *United States Executive Order 9066* foi uma ordem executiva emitida durante a Segunda Guerra Mundial, no dia 19 de Fevereiro de 1942, pelo presidente norte-americano Franklin D. Roosevelt, que autorizava o Secretário da Guerra a prescrever certas áreas dos Estados Unidos como zonas militares. Enfim, essa ordem permitiu a realocação de cidadãos nipo-americanos para campos de concentração no interior dos Estados Unidos, que foram ocupados

A seguir, Felix colocou uma cópia em branco do Cartão de Comentário com Quatro Quadros na câmera de documentos e fez o registrador anotar as provocações (veja o exemplo para suas questões e para as respostas dos alunos). Ele deu um limite de 10 minutos e circulou pela sala quando os grupos foram instruídos a discutir suas provocações e chegar a um consenso para cada uma, que o registrador tinha de anotar e o relator deveria compartilhar com a turma inteira. Felix monitorou e interferiu conforme necessário. O exemplo de Cartão de Comentário com Quatro Quadros de um dos grupos foi posto abaixo:

Exemplo de cartão de comentário com quatro quadros	
Um comentário: – Todas essas histórias são tão tristes! Elas mostram claramente como os americanos eram racistas mesmo antes de Pearl Harbor, que foi só uma desculpa.	Uma Surpresa: – Muitos nipo-americanos permaneceram leais aos Estados Unidos, alguns até se voluntariando a participar do 442º Regimento de Combate só de Nisseis. (Nós não faríamos isso se fôssemos obrigados a morar em campos de concentração sem motivo.) Por que eles não ficaram com raiva ou ressentidos?
Uma pergunta: – Por que os americanos não protestaram contra isso? – Nós queremos saber mais sobre os nipo-peruanos que foram trazidos aos campos de concentração nos EUA.	Uma observação: – O governo americano tirou mais de 110.000 nipo-americanos de casa a força em toda a Costa Oeste e os forçou a morar em "campos de realojamento", que se assemelham aos campos de concentração nazistas. Esses campos eram muito mal construídos.

Depois de 8 minutos, Felix mandou que os cronometristas apressassem seus grupos. Após 10 minutos, ele deu ao relator de cada grupo 2 minutos para apresentar-se à turma toda, projetando o Cartão de Comentário com Quatro Quadros na câmera de documentos. (O cronometrista fica responsável por dizer ao relator quando seus 2 minutos terminaram.)

Após todos os grupos terem se apresentado, Felix deu a cada aluno outra oportunidade de expressar sua opinião escrevendo um pequeno texto em 5 minutos. Seus questionamentos foram (1) Qual é a sua opinião sobre o livro de Levine?, e (2) Como as discussões em grupo influenciaram sua opinião? Felix recolheu os textos e os modelos e usou-os para avaliar a compreensão dos estudantes do material.

REFERÊNCIAS*

Apple, M. W. (1992). The text and cultural politics. *Educational Researcher*, 21(7), 4-11, 19.

Levine, E. (1995). *A fence away from freedom*. New York: Putnam Juvenille. (M).

Morgan, W. (1997). *Critical literacy in the classroom: the art of the possible*. New York: Routledge.

Vacca, R. T., & Vacca, J. L. (2007). *Content area reading: literacy and learning across the curriculum* (9th ed.). Boston: Allyn & Bacon.

É COM VOCÊ!

Escolha um texto informativo sobre um tópico particular de estudo do apêndice do final deste livro ou um de sua preferência. Certifique-se de usar um texto e um tópico que tenham potencial para gerar uma boa discussão. Escolha um Cartão de Comentário com Quatro Quadros dos modelos fornecidos na próxima página ou crie o seu próprio. Considere o nível de seus alunos e seu conhecimento prévio quando criar as quatro provocações.

---

* N. de R.T.: Em português: Vasconcelos, S. Aprendendo a ler jornal. In: Bastos, N.B. *Língua portuguesa, história, perspectiva, ensino*. São Paulo: Educ: 1998.

Modelos possíveis de cartão de comentário com quatro quadros

Um comentário:	Uma surpresa:
Uma pergunta:	Uma observação:

Eu gosto de...	Eu não gosto de...
Eu imagino que...	Eu mudaria...

1. Quem é o autor? Como seu ponto de vista aparece no texto?	2. Que mensagens o autor quer que você aceite? Você concorda ou discorda do autor?
3. De quem são os interesses servidos no texto? Quem se beneficia? Como?	4. De que forma você mudaria o resultado desejado ou o significado desse texto?

Eu concordo com:	Eu concordo com ressalvas:
Eu discordo de:	Eu preciso de mais informação: ou Eu gostaria de saber mais:

Extraído de *35 estratégias para desenvolver a leitura com textos informativos*, de Barbara Moss e Virginia S. Loh. © 2012, Penso Editora Ltda. Permissão para fazer fotocópia garantida aos compradores deste livro somente para uso pessoal.

Estratégia 20
Rede de discussão

4ª série do ensino fundamental – 3º ano do ensino médio

Começando
Ganhando prática
Vocabulário
Compreensão
Escrita

O QUE É ISSO?

Redes de Discussão (Alvermann, 1991) são auxílios gráficos que ajudam os estudantes a pensar criticamente sobre o que leram. Esse organizador apresenta uma questão central a ser discutida junto de espaços que os leitores podem preencher com evidências que a corroborem na coluna "Sim", indicando que concordam com a questão-chave, ou na coluna "Não", indicando que discordam da questão-chave.

QUAL O SEU PROPÓSITO?

Redes de Discussão encorajam os estudantes a considerar pontos de vista distintos sobre uma questão, ajudando-os a refletir sobre o fato de que há diversas formas de ver uma ideia específica. Essa habilidade de reconhecer múltiplas perspectivas em relação a uma ideia é um aspecto importante da leitura crítica. A Rede de Discussão força os estudantes a não apenas ter de corroborar sua opinião sobre um assunto, mas também a fornecer evidências que corroborem o ponto de vista antagônico. Dessa forma, as Redes de Discussão ajudam a manter as discussões focadas e garantem que os alunos corroborem seus pontos de vista com informações relevantes.

O QUE EU FAÇO?

Os passos para usar as Redes de Discussão são os seguintes:
1. Envolva os alunos em atividades anteriores à leitura relativas ao texto informativo.
2. Após os alunos terem lido, apresente a questão central, escrevendo-a na Rede de Discussão. Explique o formato da rede, que inclui duas colunas, uma no lado direito da questão e outra no lado esquerdo. A coluna à esquerda é a coluna "Sim"; é aqui que os alunos registram seus motivos para concordarem com a questão central. A coluna à direita é a coluna "Não". É aqui que os alunos registram seus motivos para discordarem da questão central.
3. Junte os alunos em duplas para revisarem o texto, usando *post-its* para identificar três motivos por que eles concordam com a questão principal e três motivos por que eles discordam.
4. Peça aos alunos que registrem esses motivos em cada uma das colunas da rede.
5. Peça aos alunos que combinem duplas para criarem grupos de quatro. Cada um dos alunos deve apresentar ao menos um motivo que corrobore a questão e outro que se oponha a ela para o resto do grupo. Isso garante que cada aluno participe. O grupo de quatro compara suas Redes de Discussão e chega a uma conclusão do grupo. Os dissidentes podem escrever um relatório a parte.
6. Cada grupo apresenta sua melhor conclusão à turma, assim como qualquer opinião divergente. Por fim, o professor abre a discussão para a turma toda.

EXEMPLO

Alvin Sang, professor de inglês da 8ª série, estava interessado em ajudar seus alunos a desenvolverem habilidade de leitura crítica fazendo-os refletir sobre o modo como usam leitura *online* tanto dentro como fora da sala de aula. Então, ele apresentou a seus alunos um artigo do *The New York Times* intitulado "Literacy debate: online RU really reading" (www.nytimes.com/2008/07/27/books/27reading.html). Esse ensaio persuasivo examina a natureza da leitura *online* e levanta uma série de questões interessantes sobre se a leitura *online* é equivalente ou não a formas mais tradicionais de leitura e se contribui para o desenvolvimento de habilidades de leitura. Antes da leitura do texto, Alvin criou uma discussão com seus alunos sobre as formas como eles utilizam a leitura quando envolvidos com textos eletrônicos. Ele explicou que esse artigo explora ambos os lados do debate sobre a questão de se a leitura *online* tem ou não o mesmo valor que outras formas de leitura. A seguir, Alvin preencheu o centro da Rede de Discussão com a questão "A leitura *online* contribui para o desenvolvimento de habilidades de leitura que os estudantes necessitam para obter sucesso no século XXI?". Ele pediu que seus alunos pensassem sobre essa questão enquanto liam o artigo.

Alvin apresentou a estratégia Rede de Discussão em um projetor, mostrando aos alunos como o organizador em rede pede que eles considerem a questão central e listem motivos para responder afirmativamente à pergunta e motivos para responder negativamente. Ele explicou que eles deveriam identificar e registrar ao menos três motivos para responder "sim" à questão central e três motivos para responder "não". Em outras palavras, eles deveriam considerar os dois lados do assunto. Ele os instruiu a usar *post-its* para anotar exemplos a favor e contra a questão central do artigo.

Após eles terem lido o artigo, Alvin fez os alunos completarem suas redes em grupos. Um organizador exemplo completo está disposto adiante. Após isso, cada grupo relatou à turma as razões que listaram em ambos os lados da rede. Uma discussão animada se seguiu, com os alunos argumentando em favor de suas posições. Finalmente, os alunos chegaram a um consenso sobre o que pensavam a respeito da leitura *online*.

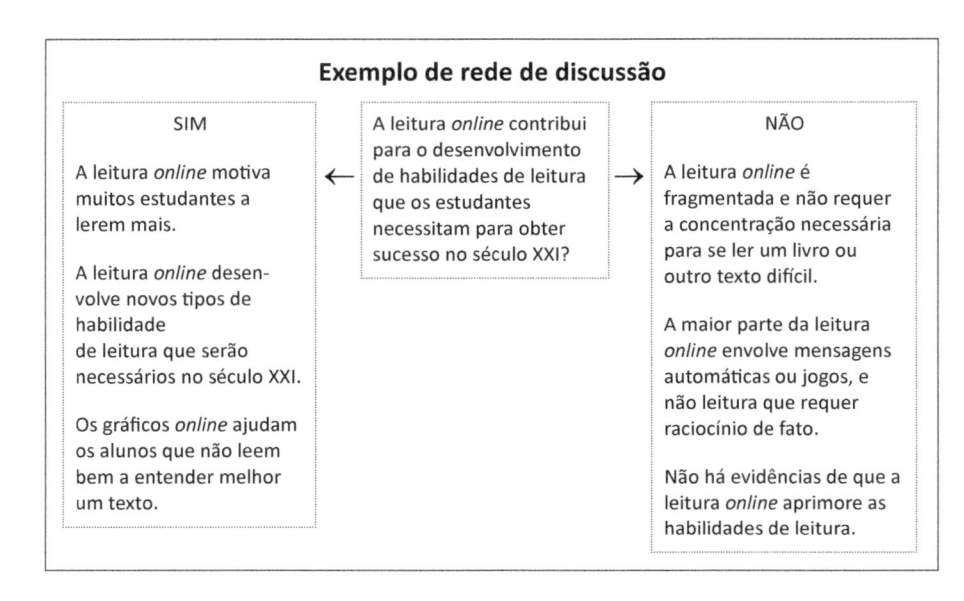

Exemplo de rede de discussão

SIM	A leitura *online* contribui para o desenvolvimento de habilidades de leitura que os estudantes necessitam para obter sucesso no século XXI?	NÃO
A leitura *online* motiva muitos estudantes a lerem mais.		A leitura *online* é fragmentada e não requer a concentração necessária para se ler um livro ou outro texto difícil.
A leitura *online* desenvolve novos tipos de habilidade de leitura que serão necessários no século XXI.		A maior parte da leitura *online* envolve mensagens automáticas ou jogos, e não leitura que requer raciocínio de fato.
Os gráficos *online* ajudam os alunos que não leem bem a entender melhor um texto.		Não há evidências de que a leitura *online* aprimore as habilidades de leitura.

REFERÊNCIAS*

Alvermann, D. (1991). The discussion web: a graphic aid to learning across the curriculum. *The reading teacher*, 45, 92-99.
Rich, M. (2008, July 27). Literacy debate: online RU really reading. *New York Times*. Extraído de *www.nytimes.com/2008/07/27/books/27reading.html*.

É COM VOCÊ!

Escolha um livro ou texto que trate de um tema ou assunto controverso sobre o qual os alunos possam ter fortes opiniões. Escolha um texto do apêndice no final deste livro ou um de sua preferência. Usando a Rede de Discussão da próxima página, apresente e explique a questão que quer que seus alunos pensem a respeito enquanto leem. Escreva essa questão no quadro central. Então, faça-os formar grupos para discutir e registrar suas opiniões sobre ambos os lados da questão ou assunto. Faça-os registrar ao menos três motivos para suas opiniões dos dois lados da rede. A seguir, discuta suas respostas com a turma.

---

* N. de R.T.: Em português: Cunha, D.A. O funcionamento dialógico em notícia e artigos de opinião. In: Bezerra, M.A.; Dionísio, A.P.; Machado A.R. *Gêneros textuais e ensino*. Rio de Janeiro: Lucerna, 2002.

Rede de Discussão sobre

Diretrizes: Complete o organizador abaixo.

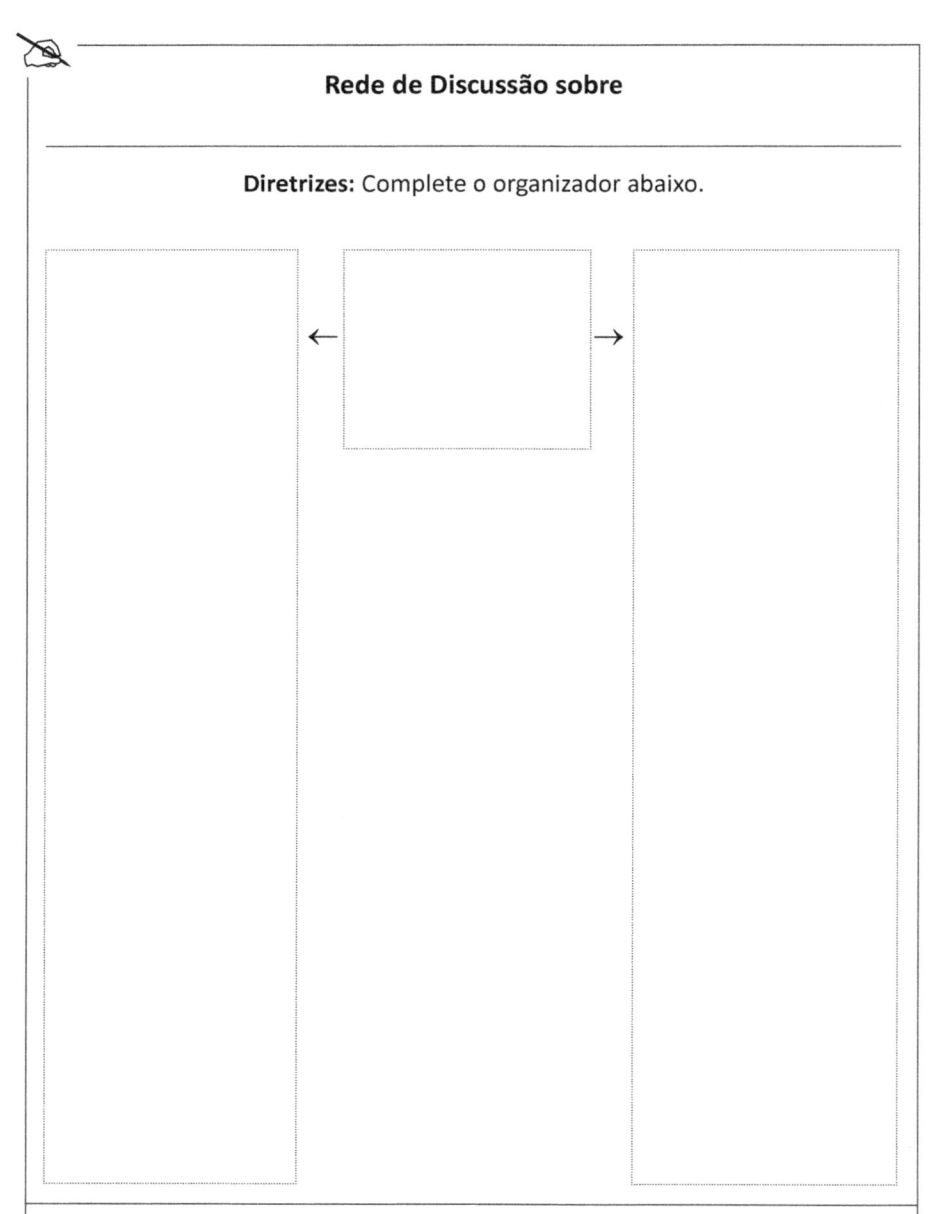

Extraído de *35 estratégias para desenvolver a leitura com textos informativos*, de Barbara Moss e Virginia S. Loh. © 2012, Penso Editora Ltda. Permissão para fazer fotocópia garantida aos compradores deste livro somente para uso pessoal.

Estratégia 21
Tabela de informações

Todas as séries

Começando
Ganhando prática
Vocabulário
Compreensão
Escrita

O QUE É ISSO?

Uma Tabela de Informações pode ajudar os estudantes a organizar informações sobre um determinado assunto. Ela permite que eles organizem informações relacionadas ao conteúdo provenientes de livros, revistas ou jornais. As Tabelas de Informações fornecem uma visão geral simples de informações complexas de múltiplas fontes. Isso possibilita o acesso rápido dos alunos a informações.

QUAL O SEU PROPÓSITO?

O propósito da Tabela de Informações é ajudar os alunos a ver informações de múltiplas fontes e a comparar e contrastar. Para completar a Tabela de Informações, os alunos devem primeiro categorizar a informação e a seguir compará-la e contrastá-la. Dessa forma, eles podem tirar conclusões baseadas nas informações dispostas no organizador visual.

O QUE EU FAÇO?

1. Escolha um livro, revista ou jornal apropriado a um assunto de interesse de seus alunos.

2. Determine as características do assunto no qual você quer que seus alunos se concentrem.
3. Crie uma Tabela de Informações (veja o exemplo adiante). Liste as características do assunto no topo de cada coluna da tabela.
4. Liste exemplos do assunto nas fileiras do lado esquerdo da tabela.
5. Ajude os alunos a localizar a informação e a completar a tabela com palavras ou figuras.

EXEMPLO

Cheryl Shanahan, professora de 6ª série do ensino fundamental, envolveu seus alunos em um estudo acerca dos exploradores. Eles gostaram de ler *The Picture hystory of great explorers* (Clements, 2009), um livro divertido que fornece informações em um formato envolvente sobre vários exploradores. Após os alunos terem completado o livro, Cheryl criou uma Tabela de Informações em um papel de tabela grande para ajudar os alunos a rememorar e a refletir sobre as informações acerca dos diversos exploradores e suas descobertas. Ela listou os seguintes aspectos no alto da grade: "Nome", "Método de exploração", "Nacionalidade", "Descoberta" e "Quando?". A seguir, ela listou os nomes dos seguintes exploradores no lado esquerdo da tabela: Leif Eriksson, Cristóvão Colombo, Fernão de Magalhães e James Cook (veja o exemplo a seguir). Então, os alunos trabalharam em grupos para completar os quadros da tabela, referindo-se ao livro para confirmar suas respostas. A seguir, Cheryl registrou suas respostas na grande tabela na frente da sala. Então ela pediu a seus alunos que identificassem semelhanças e diferenças entre os exploradores, assim como conclusões que eles pudessem tirar sobre suas descobertas.

Exemplo de tabela de informações para exploradores

Nome	Método de exploração	Nacionalidade	Descoberta	Quando?
Leif Eriksson	Navio	Groenlandês	Vinland (Terra Nova)	1001
Cristóvão Colombo	Navio	Italiano	San Salvador	1492
Fernão de Magalhães	Navio	Português	Oceano Pacífico	1549
James Cook	Navio	Britânico	Austrália, Nova Zelândia	1768

REFERÊNCIAS

Clements, G. (2009). *The Picture history of great explorers*. New York: Frances Lincoln. (I).

É COM VOCÊ!

Escolha um texto do apêndice do final deste livro ou um de sua preferência. Liste as características do assunto no topo da tabela e exemplos no lado esquerdo. Por exemplo, se os estudantes estão comparando tipos de baleias, liste as características de baleias no topo da tabela e tipos de baleias do lado esquerdo da tabela. A seguir, peça aos alunos que completem a tabela usando palavras ou figuras.

Tabela de Informações para

Diretrizes: Complete a tabela abaixo.

Extraído de *35 estratégias para desenvolver a leitura com textos informativos*, de Barbara Moss e Virginia S. Loh. © 2012, Penso Editora Ltda. Permissão para fazer fotocópia garantida aos compradores deste livro somente para uso pessoal.

Estratégia 22
Guia de estudo

3ª série do ensino fundamental – 3º ano do ensino médio

Começando
Ganhando prática
Vocabulário
Compreensão
Escrita

O QUE É ISSO?

Um Guia de Estudo (Herber, 1978; Vacca e Vacca, 2008) fornece aos professores uma forma de orientar os alunos em textos relacionados ao conteúdo. Esse guia ajuda os estudantes a distinguir as informações importantes das irrelevantes e a se concentrar no conteúdo que o professor considera crucial. Ele permite que o professor faça perguntas e oriente os alunos durante uma tarefa de leitura.

QUAL O SEU PROPÓSITO?

O propósito de um Guia de Estudo é o professor auxiliar na compreensão dos alunos fazendo perguntas que eles devem responder para orientá-los no texto. As perguntas do professor ajudam os estudantes a identificar informações importantes que sejam cruciais à sua compreensão geral do texto.

O QUE EU FAÇO?

1. Escolha um texto relacionado ao conteúdo.
2. Identifique a informação no texto que você considere mais importante à compreensão dos alunos.
3. Desenvolva uma série de perguntas que orientem os alunos no texto. Indique os números de páginas em que as respostas para as perguntas possam ser localizadas.
4. Peça aos alunos que completem o Guia de Estudo conforme leem o texto designado.
5. Discuta as respostas dos alunos no guia após eles o terem com.
pletado.

EXEMPLO

Os alunos de Tim Goodspan, professor de ciências do ensino médio, estavam estudando répteis. Nessa época, foi publicado no *The San Diego Union Tribune* um interessante artigo intitulado "Beware: don't tread on'em: Spring brings serpents out of hibernation"[*] sobre os perigos representados pelas cascavéis na primavera.

Tim ajudou seus alunos a analisar o artigo, mostrando-lhes primeiro os títulos e o grande gráfico que acompanhava o texto. Ele apresentou-lhes o texto, pedindo que refletissem acerca do significado do título "Beware: don't tread on'em". Para orientar a leitura de seus alunos neste artigo informativo, ele apresentou-lhes um Guia de Estudo criado para direcionar seu aprendizado conforme eles liam o texto. Tim então distribuiu o Guia de Estudo, pedindo a seus alunos que o completassem conforme liam o artigo (veja na página seguinte). Os estudantes completaram o guia conforme liam e, depois de terminarem a leitura, juntavam-se em duplas. Cada dupla comparava suas respostas, verificando os acertos. Mais tarde, os estudantes usaram o Guia de Estudo novamente quando se preparavam para a prova sobre o capítulo.

---

[*] N. de T.: Em tradução livre: "Cuidado: não pise nelas: as serpentes saem da hibernação na primavera".

Exemplo de guia de estudo
Por que as cobras não mordem os seres humanos? _____
Por que as cobras ficam mais ativas na primavera? _____
Quantas pessoas morrem anualmente mordidas por cobras? _____
Compare a cascavel com a serpente de Gopher.
Por que é importante chegar rapidamente ao hospital se você for mordido? _____   _____
Como as pessoas podem se prevenir contra mordidas de cobras? _____
O que "não pise em mim" significa?_____
De que modos as cascavéis tiveram de se adaptar aos seres humanos? _____

REFERÊNCIAS*

Herber, H. (1978). *Teaching Reading in the content areas*. Englewood Cliffs, NJ: Prentice-Hall.
Stetz, M. (2002, April 12) Beware: don't tread on'em. *San Diego Union Tribune*. Extraído de *www.pqasb.pqarchiver.com/sandiego-sub/access/115647024.html?FMT= FT&*.
Vacca, R., & Vacca, J. (2007). *Content area reading* (9th ed.). Boston: Allyn & Bacon.

É COM VOCÊ!

Envolva seus alunos na leitura de um texto informativo apropriado. Escolha um texto do apêndice do fim deste livro ou um de sua preferência. Para alunos da 7ª série em diante, você talvez queira usar a cópia do artigo de jornal intitulado "Beware: don't tread on'em" que pode ser encontrado na internet. Você pode preencher o modelo do Guia de Estudo com as perguntas sugeridas anteriormente ou pode criar as próprias perguntas.

---

* N. de R.T.: Em português: Cavalcante, M.C. Mapeamento de sentido: os *links* no hipertexto. In: Marcuschi, L.A.; Xavier, A.C.; *Hipertexto e gêneros digitais*. Rio de Janeiro: Lucerna, 2005.

Guia de estudo para

Diretrizes: Use as páginas indicadas para localizar as respostas das perguntas abaixo.

p. _____ 1. _____

p. _____ 2. _____

p. _____ 3. _____

p. _____ 4. _____

p. _____ 5 _____

p. _____ 6 _____

p. _____ 7 _____

Extraído de *35 estratégias para desenvolver a leitura com textos informativos*, de Barbara Moss e Virginia S. Loh. Copyright 2010 by The Guilford Press. Permissão para fazer fotocópia garantida aos compradores deste livro somente para uso pessoal (vide página de direitos autorais para detalhes).

ESTRATÉGIA 23
Mapa semântico

Todas as séries

Começando
Ganhando prática
Vocabulário
Compreensão
Escrita

O QUE É ISSO?

Os cinco padrões mais comuns de textos expositivos incluem descrição, sequência, comparação-contraste, causa-efeito e problema-solução. Assim como histórias de ficção seguem um padrão que inclui personagens, um cenário e trama, textos expositivos tipicamente seguem um desses cinco padrões. Todos esses padrões, aliás, podem aparecer em uma única página de um texto.

As próximas cinco estratégias, que incluem Mapa Semântico, Tabela de Séries de Eventos (Estratégia 24), Diagrama de Venn (Estratégia 25), Mapa de Causa-Efeito (Estratégia 26) e Resumo de Problema-Solução (Estratégia 27) são todas formas de ajudar os estudantes a reconhecer e a compreender esses cinco padrões.

Um Mapa Semântico (Heimlich e Pittelman, 1986) é um organizador visual que pode ajudar os alunos a organizarem informações de uma passagem expositiva que esteja escrita de forma descritiva. Esse tipo de texto normalmente descreve uma pessoa, lugar, coisa ou objeto. Não há palavras específicas associadas com esse tipo de estrutura textual.

Mapas Semânticos ajudam os alunos a visualizar relações entre conceitos. Esses conceitos tipicamente incluem a *classe* em que a palavra-chave se encaixa, as *propriedades* daquela classe e *exemplos* dessas propriedades. No exemplo a seguir, a palavra *morcegos* entraria na classe dos mamíferos, as propriedades dos morcegos incluiriam como eles são (sua aparência), onde eles vivem (seu habitat) e o que eles comem (sua dieta). As palavras listadas abaixo de cada propriedade representam exemplos. Além disso, os Mapas Semânticos podem ser usados antes e/ ou depois da leitura como forma de familiarizar os estudantes com vocabulário importante e conceitos encontrados em um texto específico.

QUAL O SEU PROPÓSITO?

O propósito de um Mapa Semântico é ajudar os alunos a organizar informações descritivas. Mapas Semânticos são fáceis de construir e dão aos estudantes um meio de agrupar palavras de maneiras que imitam a forma como as informações são dispostas na memória. Os mapas fornecem uma representação visual da forma pela qual o autor escolheu organizar o texto. Por meio dessa experiência, os alunos se familiarizam com os conceitos encontrados em um texto e, ainda mais importante, aumentam seu entendimento da descrição como um padrão de organização para textos expositivos.

O QUE EU FAÇO?

1. Para criar um Mapa Semântico antes dos alunos lerem, o professor primeiro seleciona um texto com organização clara, preferivelmente em um padrão descritivo. A seguir, apresenta o conceito a ser estudado e escreve aquele termo na "bolha" no centro da teia.
2. Peça aos alunos que pensem em grupo em palavras relacionadas àquele termo.
3. Os alunos podem então categorizar esses termos e indicar essas categorias ou propriedades do contexto nos quadros no mapa. Para alunos mais jovens ou leitores com dificuldades, o professor pode lhes fornecer essas categorias. O professor pode escolher usar os títulos encontrados no livro como as categorias.
4. Após completar sua leitura, os estudantes adicionam exemplos de cada propriedade ao Mapa Semântico. Eles podem simplesmente juntar fatos às propriedades existentes ou podem adicionar novas propriedades ao mapa. Muitos professores gostam

de registrar essa informação recentemente adquirida no mapa usando uma caneta ou um marcador de cor diferente. Dessa forma, os alunos podem comparar o que sabiam antes de ler com o que adicionaram após a leitura.

EXEMPLO

O exemplo a seguir ilustra um mapa semântico que uma turma de 4ª série desenvolveu depois de ler *Zipping, Zapping, Zooming Bats* (Earle, 2009). Seu professor, Dan O'Brien, queria que os alunos começassem a entender a estrutura expositiva da descrição. Antes da leitura, Dan apresentou-lhes um Mapa Semântico que exibia o título do livro, *Bats*, no círculo central. Ele lhes forneceu os títulos encontrados no livro. Antes de lerem, os alunos listaram o que eles já sabiam sobre cada uma das categorias, que ficam dispostas abaixo no exemplo. Foi-lhes pedido que lessem com o propósito de localizar detalhes descritivos relacionados a cada uma dessas categorias. Após a leitura, os estudantes trabalharam em grupos para preencher detalhes adicionais relacionados a cada categoria. Uma importante habilidade que não pode ser ignorada é ensinar aos alunos como se referir ao texto para encontrar e/ou confirmar respostas. Para completar um Mapa Semântico, os alunos precisam se referir ao texto frequentemente. Suas respostas estão em **negrito** no exemplo a seguir.

Essa atividade pode também servir como trampolim para a escrita. Usando esse Mapa Semântico, os alunos podem escrever seus próprios textos expositivos: especificamente, parágrafos descritivos ou informativos.

REFERÊNCIAS[*]

Earle, S. (2009). *Zipping, Zapping, Zooming Bats*. New York: Collins. (P).
Heimlich, S. D., & Pittelman, J. D. (1986). *Semantic mapping: Classroom applications*. Newark, DE: International Reading Association.

---

[*] N. de R.T.: Em português: Abreu-Tardelli, L.S.; Machado, A.R.; Lousada E. *Resenha*. São Paulo: Parábola, 2009.

Exemplo de Mapa Semântico

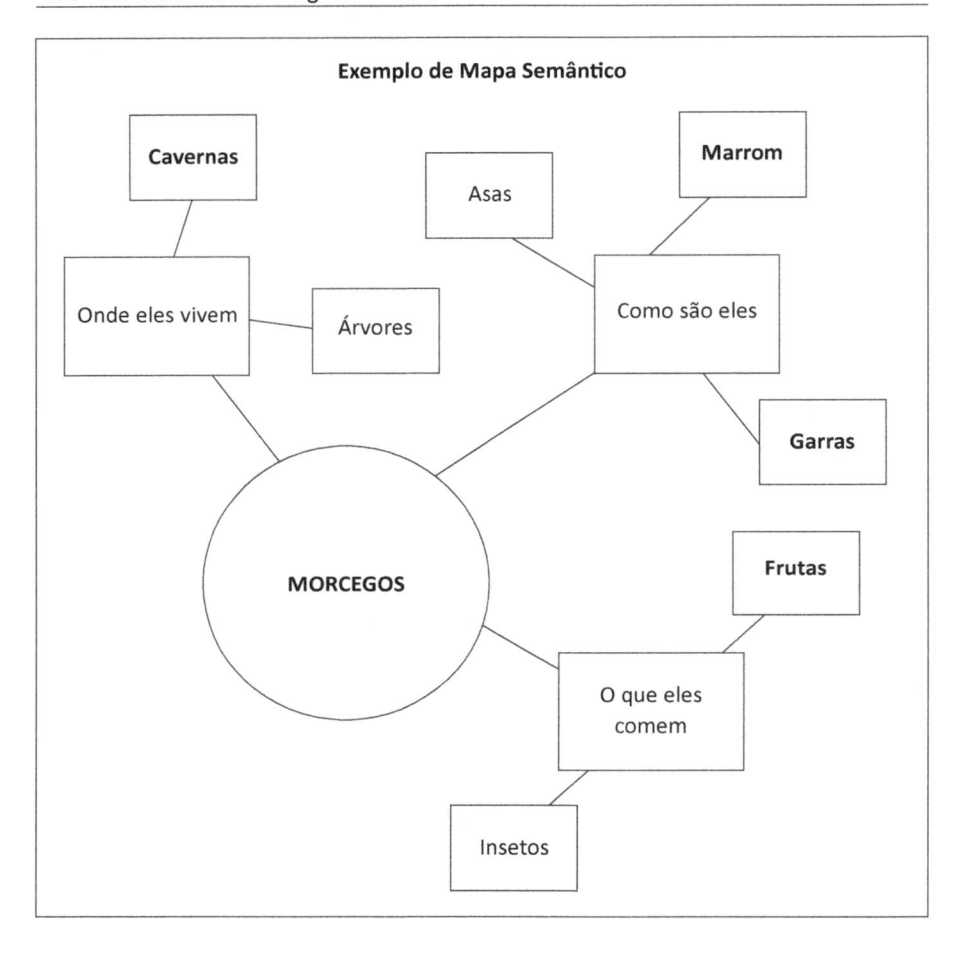

- Cavernas
- Onde eles vivem
- Árvores
- Asas
- Como são eles
- Marrom
- Garras
- MORCEGOS
- O que eles comem
- Frutas
- Insetos

É COM VOCÊ!

Escolha um texto do apêndice do fim deste livro que use uma estrutura descritiva ou escolha uma seção de um livro geral ou de um livro de apoio que use esse padrão. Envolva seus alunos na criação de um Mapa Semântico que represente a organização do texto usando o modelo na próxima página.

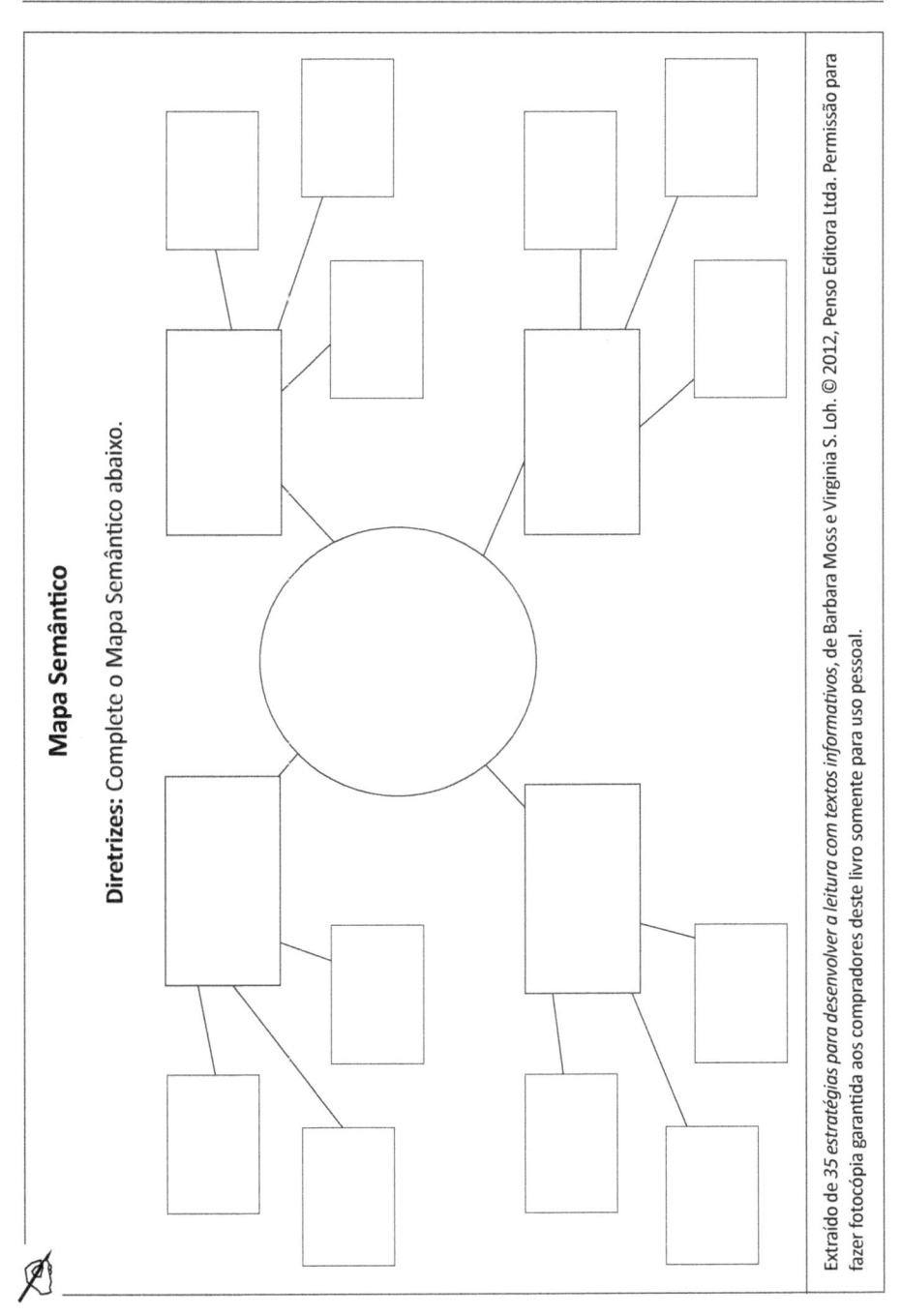

Mapa Semântico

Diretrizes: Complete o Mapa Semântico abaixo.

ESTRATÉGIA 24
Tabela de séries de eventos

Todas as séries

Começando
Ganhando prática
Vocabulário
Compreensão
Escrita

O QUE É ISSO?

A Tabela de Séries de Eventos é um organizador visual criado para ajudar os alunos a compreender o padrão de sequenciamento dos tempos expositivos. O sequenciamento é um dos padrões de textos expositivos mais comuns, e um dos mais fáceis de se ensinar. Os autores costumam usar a ordem sequencial para organizar fatos, eventos ou conceitos. O padrão sequencial também é usado para fornecer direções para fazer ou realizar algo. Há palavras sinalizadoras como *primeiro, segundo, terceiro, então, a seguir, por último, depois* e *finalmente* que indicam a ordem dos eventos. É fácil para estudantes compreenderem esse padrão porque estão familiarizados com essa estrutura, que aparece também nas narrativas. Seguir a sequência de um texto é necessário para compreender tanto livros simples como textos mais sofisticados, tais como artigos de jornal ou de revista.

QUAL O SEU PROPÓSITO?

A Tabela de Séries de Eventos ajuda os estudantes a refletir acerca de uma sequência de eventos, passos de um processo e assim por diante, registrando esses eventos em ordem em um organizador gráfico. Como uma linha do tempo, uma Tabela de Séries de Eventos ajuda os alunos a se concentrar na ordem cronológica, um padrão comumente encontrado em textos expositivos. A habilidade de compreender estruturas textuais diferentes, tais como comparação-contraste, é um aspecto importante da leitura crítica. Os estudantes que puderem identificar estruturas textuais têm maior capacidade de compreender textos do que aqueles que não puderem.

O QUE EU FAÇO?

1. Escolha um texto que reflita um padrão de organização sequencial.
2. Discuta a ideia de sequência, explicando que usamos sequências no dia a dia. Como, por exemplo, quando levantamos de manhã e seguimos uma sequência de ações em particular conforme nos preparamos para o dia que se inicia.
3. Apresente aos seus alunos a Tabela de Séries de Eventos.
4. Peça aos alunos que leiam cuidadosamente para que percebam as sequências de eventos no texto. Faça-os prestar atenção nas palavras sinalizadoras como *em primeiro lugar, segundo, terceiro* e assim por diante.
5. Após a leitura, peça aos alunos que trabalhem em grupos para completar a Tabela de Séries de Eventos.

EXEMPLO

Os alunos de Elaine Carter, professora de 8ª série, estavam estudando mitose. Usando uma seção de um livro de apoio que descrevia esse processo, ela criou um plano de aula para tornar seus alunos cientes da sequência de eventos que ocorre durante a mitose. Ela começou a aula pedindo a seus alunos que considerassem como a divisão celular pode ocorrer e registrou suas respostas no quadro. No projetor, Elaine então mostrou um exemplo de parágrafo sequencialmente organizado usando palavras sinalizadoras como *em primeiro lugar, segundo, então, depois* e assim por diante. Ela encorajou seus alunos a procurar por essas palavras para orientá-los no trecho no livro de apoio que detalhava esses estágios no processo da mitose. Nesse momento, ela distribuiu cópias da Tabela de Séries de Eventos. Os alunos leram o trecho em silêncio e registraram eventos-chave em ordem na tabela (veja adiante). Após completarem a série de eventos, eles formaram grupos para comparar as respostas e compartilhá-las com o restante da turma. Enfim, eles escreveram sobre as perguntas que ainda tinham a respeito do processo em seus cadernos.

Exemplo de Tabela de Série de Eventos

Evento 1

Estágio 1 – Intérfase

Cromossomos estão dispersos no núcleo e parecem finos fios ou filamentos chamados de cromatina.

↓

Evento 2

Estágio 2 – Prófase

As duas cromátides ficam unidas no centrômero, mas cada um contrai-se no nucléolo. O envoltório nuclear se rompe e desaparece, e o fuso mitótico começa a se desenvolver.

↓

Evento 3

Estágio 3 – Metáfase

Cromossomos congregam na região equatorial.
Cromátides juntam-se aos fusos mitóticos nos centrômeros.

↓

Evento 4

Estágio 4 – Anáfase

Duas cromátides de cada cromossomo separam-se e movem-se em direção a polos opostos.

↓

Evento 5

Estágio 5 – Telófase

Novos envoltórios nucleares se formam ao redor dos dois grupos de cromossomos filhos, novos núcleos surgem, e os fusos mitóticos desaparecem. A citocinese separa os núcleos em duas novas células filhas.

Fonte: Moss (2008). © 2008 by Taylor & Francis Group. Impresso com permissão.

REFERÊNCIA*

Moss, B. (2008). Facts that matter: teaching students to read informational text. In D. Lapp, J. Flood, & N. Farman (Eds.), *Content area reading and learning: Instructional strategies* (pp. 209-236). New York: Erlbaum.

É COM VOCÊ!

Identifique uma seção de um livro de apoio, de um livro ou de um artigo de jornal que esteja claramente organizado em um padrão sequencial. Escolha um texto do apêndice do final deste livro ou um de sua preferência. Apresente a Tabela de Séries de Eventos e palavras sinalizadoras associadas aos seus alunos. Oriente-os, durante a leitura, a perceber a ordem dos eventos do texto. Então, faça-os trabalhar em duplas para completar a tabela.

---

* N. de R.T.: Em português: Fiorin, J.L.; Savioli, F.P. *Lições de texto: leitura e redação*. São Paulo: Ática, 1997.

Tabela de Séries de Eventos

Diretrizes: Liste cada um dos eventos em um dos quadros abaixo. Certifique-se de que os está colocando na ordem certa.

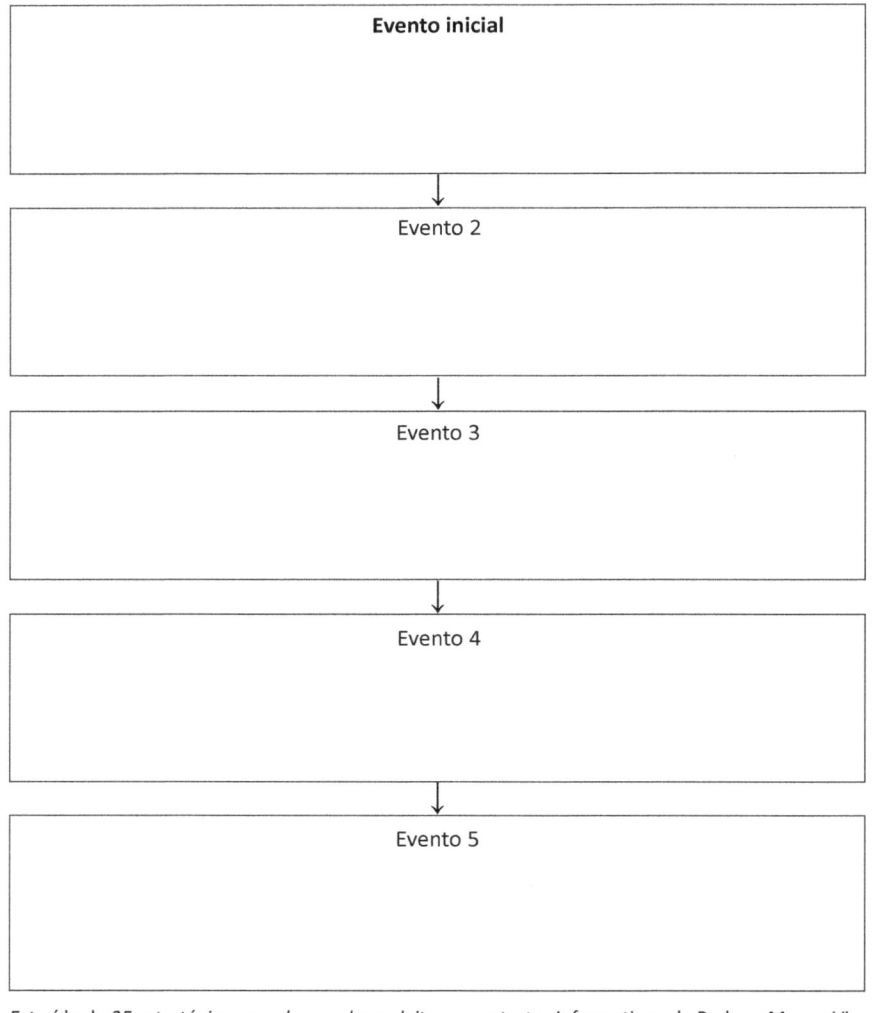

Evento inicial

↓

Evento 2

↓

Evento 3

↓

Evento 4

↓

Evento 5

Extraído de *35 estratégias para desenvolver a leitura com textos informativos*, de Barbara Moss e Virginia S. Loh. © 2012, Penso Editora Ltda. Permissão para fazer fotocópia garantida aos compradores deste livro somente para uso pessoal.

ESTRATÉGIA 25
Diagrama de Venn

Todas as séries

Começando
Ganhando prática
Vocabulário
Compreensão
Escrita

O QUE É ISSO?

Um Diagrama de Venn é um organizador visual criado para demonstrar o padrão organizacional da comparação e do contraste. Esse padrão é frequentemente encontrado em textos informativos. Palavras sinalizadoras como *igual, diferente de* e *por outro lado* são constantemente usadas para alertar os leitores de que se trata de um texto desse tipo. O Diagrama de Venn é um auxílio visual usado com frequência em estudos de matemática, e se trata de dois círculos sobrepostos que ilustram as semelhanças e as diferenças encontradas entre conceitos, ideias, eventos ou pessoas. Diferenças são listadas em cada um dos círculos; semelhanças são indicadas na área sobreposta dos dois círculos. Dessa forma, o diagrama ajuda os estudantes a desenvolver a compreensão da comparação e a contrastar estruturas textuais.

QUAL O SEU PROPÓSITO?

O propósito do Diagrama de Venn é direcionar o pensamento dos estudantes para a comparação e o contraste de ideias como uma estrutura textual. Ele fornece uma representação visual das informações de um texto que emprega o padrão de comparação-contraste.

O QUE EU FAÇO?

1. Localize um texto que necessite que os alunos comparem e/ou contrastem duas coisas.
2. Apresente uma cópia do Diagrama de Venn no projetor ou na câmera de documentos. Apresente os conceitos de comparação-contraste aos alunos comparando objetos do dia a dia (p.ex., dia e noite, inverno e verão).
3. Localize um texto que use o padrão comparação-contraste. Identifique ideias, conceitos ou pessoas que sejam comparados no texto. Aponte para seus alunos o uso de palavras sinalizadoras como *iguais, semelhante a* e *diferente de*.
4. Explique a seus alunos que eles precisam pensar sobre as semelhanças e as diferenças entre esses conceitos, ideias ou pessoas importantes.
5. Faça os alunos lerem o texto. Então, distribua cópias do Diagrama de Venn.
6. Peça aos alunos que registrem o nome de um conceito acima do círculo à esquerda e o de outro acima do círculo à direita.
7. Mostre a seus alunos como registrar as diferenças entre os dois conceitos em cada círculo e semelhanças na porção sobreposta dos círculos.

EXEMPLO

Como parte de um estudo de animais, Jamie Yates, professora de 5ª série, envolveu seus alunos na leitura de *A whale is not a fish and other animal mix-ups*, de Melvin Berger (1996). Esse livro contém uma série de comparações entre diferentes animais, incluindo burros e mulas, botos e golfinhos, e crocodilos e jacarés. Após seus alunos lerem o livro, Jamie os fez trabalhar em duplas para criar Diagramas de Venn que refletissem as comparações entre animais detalhadas no livro. Ela distribuiu cópias dos diagramas e deu a cada dupla uma seção do livro. Os alunos então registraram as semelhanças e diferenças entre seus animais no diagrama. Um exemplo da comparação de botos e golfinhos é mostrado a seguir:

Exemplo de Diagrama de Venn

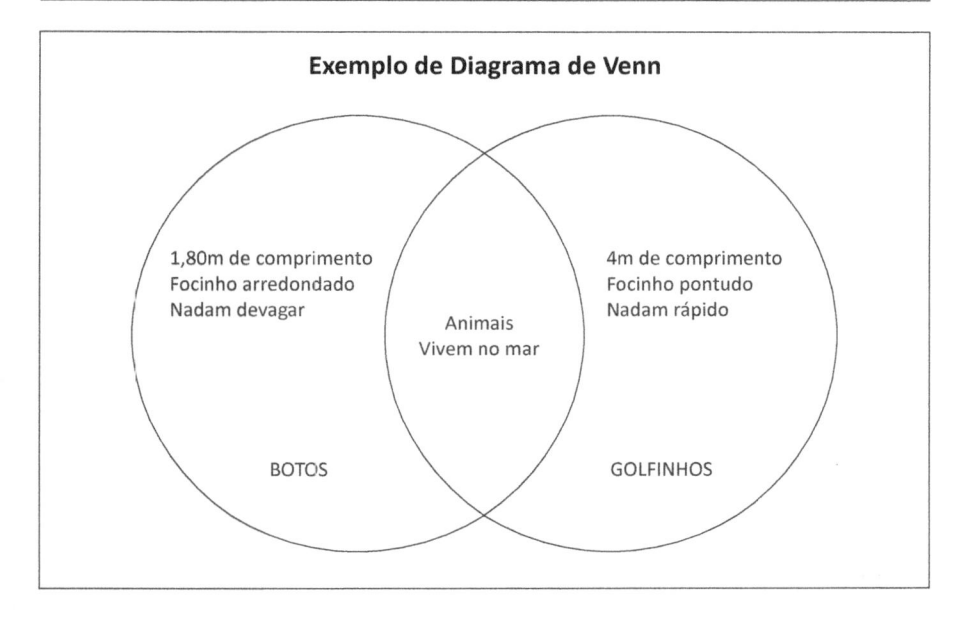

```
        BOTOS                           GOLFINHOS
   1,80m de comprimento            4m de comprimento
   Focinho arredondado             Focinho pontudo
   Nadam devagar                   Nadam rápido
                   Animais
                   Vivem no mar
```

REFERÊNCIAS

Berger, M. (1996). *A whale is not a fish and other animal mix-ups*. New York: Scholastic. (I).

É COM VOCÊ!

Escolha um livro, seção do livro de apoio ou artigo de revista que use a estrutura de comparação-contraste. Escolha um texto do apêndice do final deste livro ou um de sua preferência. Apresente o conceito de comparação-contraste e ensine a seus alunos as palavras sinalizadoras associadas. A seguir, entregue-lhes o Diagrama de Venn da próxima página, explicando que se trata de um modo de registrar as semelhanças e as diferenças entre ideias. Após os estudantes terem terminado a leitura, faça-os nomear cada um dos círculos de acordo com os conceitos que estão sendo comparados. Por exemplo, se eles estão comparando morcegos e pássaros, eles devem anotar *morcegos* acima de um círculo e *pássaros* acima do outro. A seguir, mostre como anotar as diferenças em cada lado dos círculos e as semelhanças na seção sobreposta.

Diagrama de Venn

Diretrizes: Pense a respeito das diferenças entre os dois tópicos que você estudou. Dê a cada círculo o nome de um dos tópicos. Liste as semelhanças onde os círculos se sobrepõem e as diferenças em cada um dos círculos.

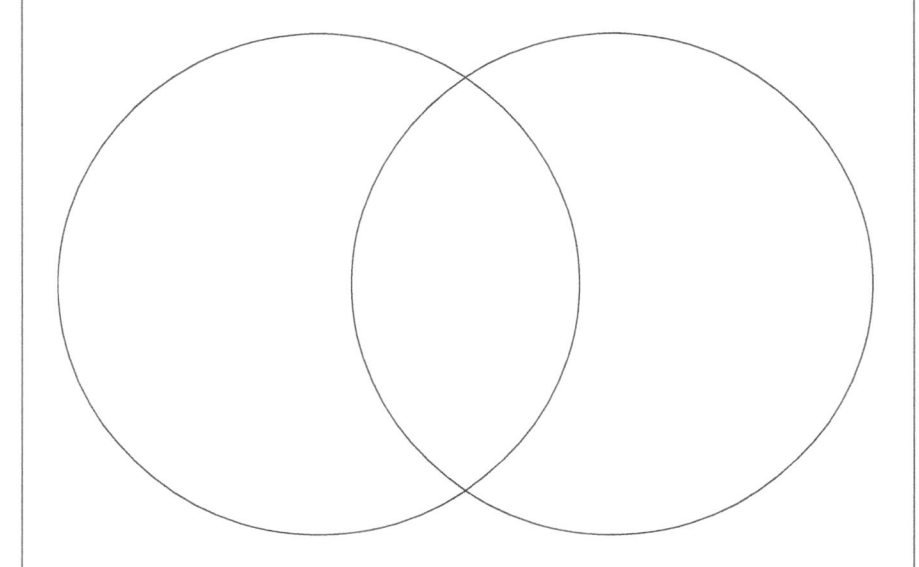

Estratégia 26
Mapa causa-efeito

4ª série do ensino fundamental – 3º ano do ensino médio

Começando
Ganhando prática
Vocabulário
Compreensão
Escrita

O QUE É ISSO?

A estrutura de causa-efeito apresenta a descrição de eventos e suas causas. Palavras como *se, então, portanto, por causa de, como resultado de, desde que, para,* e *causa e efeito* demonstram aos leitores a presença dessa estrutura. Mapas de Causa-Efeito fornecem um meio visual de registrar informações refletindo essa estrutura. Os alunos frequentemente encontram causa e efeito em áreas científicas e humanas. A estrutura de causa-efeito é evidente em materiais tanto para alunos das séries iniciais como para alunos de ensino médio.

QUAL O SEU PROPÓSITO?

Os Mapas de Causa-Efeito encorajam os alunos a analisar textos pela estrutura de causa-efeito. Eles orientam os estudantes a não apenas identificar essa estrutura, mas a registrá-la em um organizador visual para ajudá-los a ver a estrutura em ação.

O QUE EU FAÇO?

1. Faça os alunos pensarem-agruparem-compartilharem histórias pessoais nas quais eles possam demonstrar causa e efeito. Por exemplo, os alunos podem compartilhar como eles foram punidos (efeito) por chegar em casa depois da hora (causa).
2. Escolha um texto informativo relacionado à sua área de conteúdo que apresente causa e efeito.
3. Envolva seus alunos na leitura do artigo, concentrando-se nas palavras sinalizadoras. Essas palavras devem estar escritas em uma tabela para consulta rápida. (Usando um projetor ou uma câmera de documentos, mostre como interpretar as palavras sinalizadoras. Ressalte ou sublinhe essas palavras conforme for lendo.)
4. Distribua o Mapa de Causa-Efeito e explique as instruções.
5. Faça os estudantes trabalharem em duplas para completar o mapa.
6. Revise as respostas dos seus alunos. Faça-os apresentar seu Mapa de Causa-Efeito individualmente. Certifique-se de que seus alunos possam descrever as relações entre causas e efeitos.

EXEMPLO

David Dowey, professor de ensino médio, estava começando uma unidade sobre drogas e seus perigos. Para ajudar os alunos a entenderem esse assunto, ele apresentou a estrutura de causa-efeito usando um artigo que apareceu no site *Time.com* intitulado "How cocaine scrambles genes in the brain" (www.time.com/time/health/article/ 0,8599,1952411,00.html). Esse artigo explicava os efeitos da cocaína no cérebro em termos de seu impacto na forma como os genes do cérebro funcionam. David começou a lição fazendo os alunos identificarem exemplos de causa e efeito no seu dia a dia. Por exemplo, se chegar atrasado, um estudante pode ser punido. A seguir, o professor pediu que seus alunos refletissem sobre os efeitos das drogas no corpo e na mente.

Nesse momento, David leu alguns exemplos fáceis da estrutura de causa-efeito retirados de jornais e revistas. Ele apresentou a ideia de palavras sinalizadoras e listou-as numa tabela, mas explicou que os autores nem sempre usam essas palavras. Então, ele pediu que seus alunos prestassem atenção nas palavras sinalizadoras conforme ele lia uma passagem em voz alta e usava uma estratégia de pensar em voz alta para ajudá-los a compreender o tipo de pensamento envolvido na identificação de causa e efeito.

Depois, os alunos leram o artigo sozinhos. Após a leitura, eles trabalharam em grupos para completar Mapas de Causa-Efeito (veja o exemplo abaixo). Esses mapas consistiam de um quadro no topo indicando a causa do evento e diversos quadros abaixo indicando vários efeitos resultantes da causa. Quando terminaram, os alunos compartilharam suas respostas e explicaram-nas usando a câmera de documentos. Os estudantes eram encorajados a se referir ao texto para defender suas respostas. David também pediu que eles considerassem como os efeitos identificados poderiam se tornar causas e quais poderiam ser as consequências dessas novas causas.

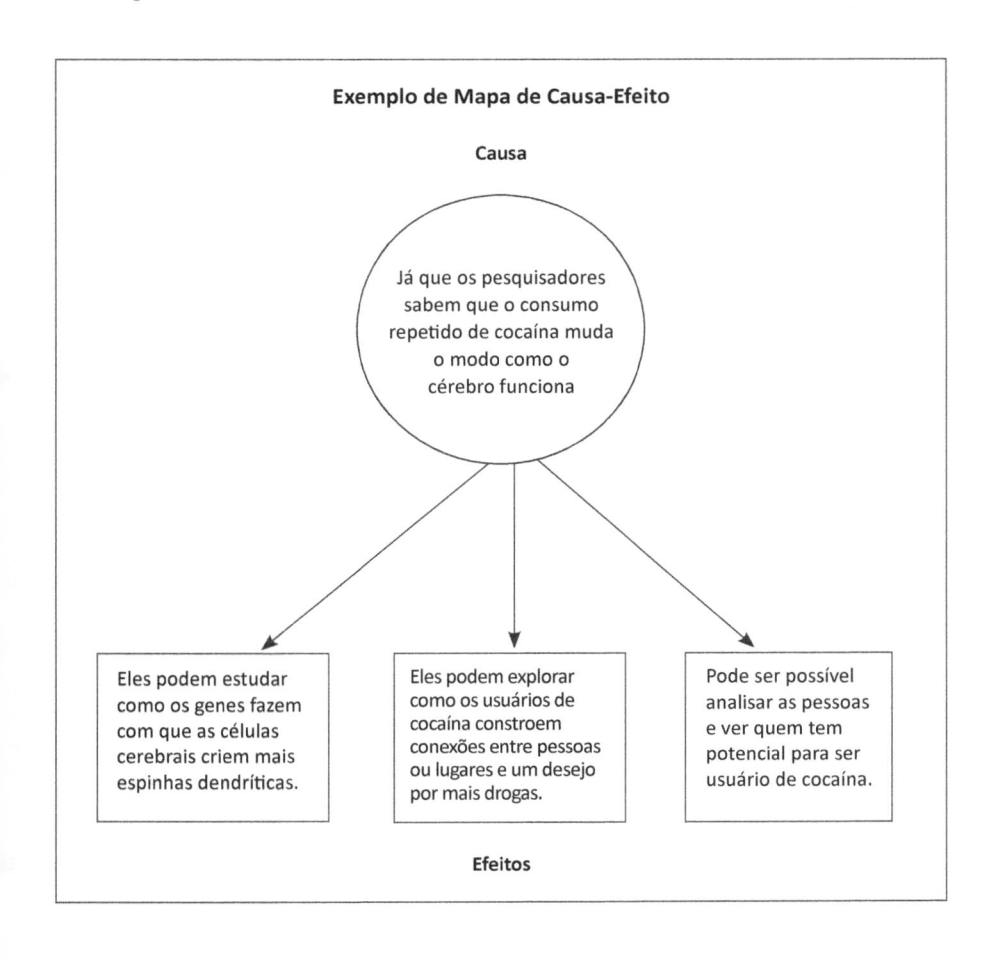

Exemplo de Mapa de Causa-Efeito

Causa

Já que os pesquisadores sabem que o consumo repetido de cocaína muda o modo como o cérebro funciona

| Eles podem estudar como os genes fazem com que as células cerebrais criem mais espinhas dendríticas. | Eles podem explorar como os usuários de cocaína constroem conexões entre pessoas ou lugares e um desejo por mais drogas. | Pode ser possível analisar as pessoas e ver quem tem potencial para ser usuário de cocaína. |

Efeitos

REFERÊNCIAS

Slavavitz, M. (2010, January 8). How cocaine scrambles the genes in the brain. *Time magazine*. Extraído de www.time.com/time/health/article/0,8599,1952411,00.html.

É COM VOCÊ!

Escolha um texto com um padrão de causa-efeito claro do apêndice do final deste livro ou um de sua preferência. Apresente a ideia de causa e efeito a seus alunos relacionando-a de algum modo à vida real (*como* eu perdi o dinheiro do almoço, não pude almoçar). Relembre as palavras sinalizadoras associadas a essa estrutura. Apresente o Mapa de Causa-Efeito da próxima página e peça a seus alunos que leiam e notem a causa e o efeito.

Mapa de Causa-Efeito

Diretrizes: Registre a causa que você percebeu na leitura no círculo. A seguir, registre os efeitos dessa causa nos quadros abaixo.

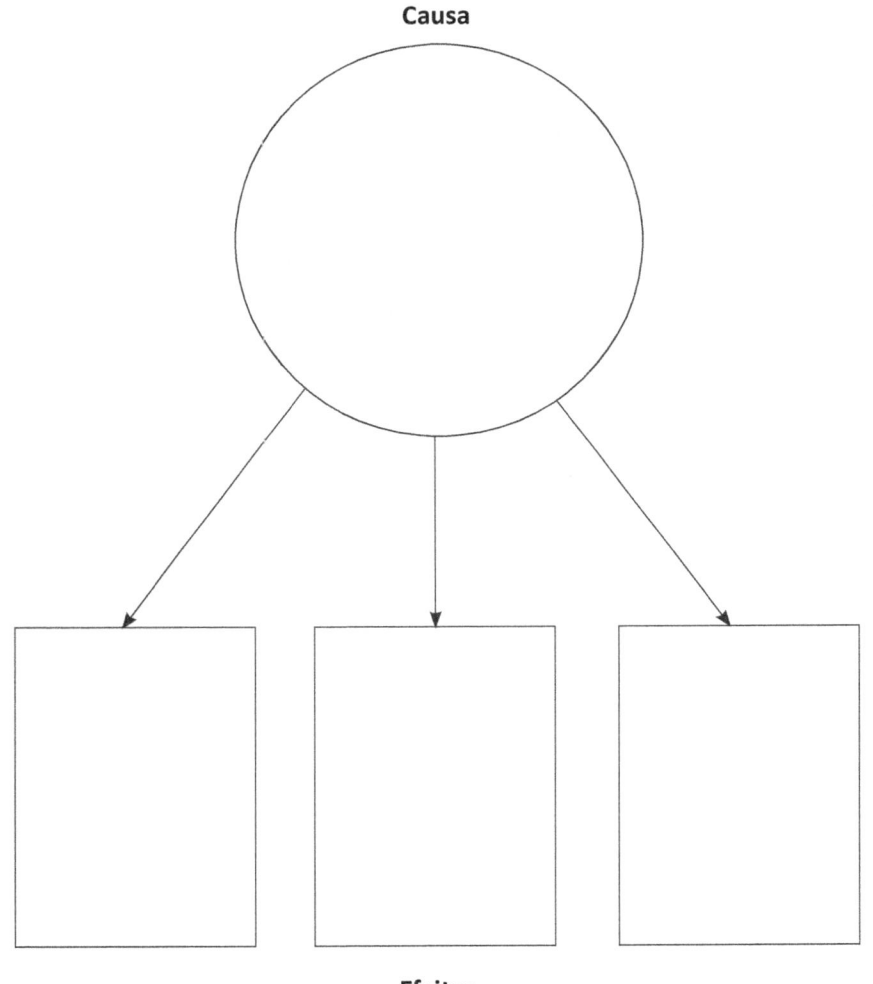

Causa

Efeitos

Extraído de *35 estratégias para desenvolver a leitura com textos informativos*, de Barbara Moss e Virginia S. Loh. © 2012, Penso Editora Ltda. Permissão para fazer fotocópia garantida aos compradores deste livro somente para uso pessoal.

ESTRATÉGIA 27
Resumo de problema-solução

4ª série do ensino fundamental – 3º ano do ensino médio

Começando
Ganhando prática
Vocabulário
Compreensão
Escrita

O QUE É ISSO?

A estrutura de problema-solução em textos expositivos costuma ser encontrada por estudantes em material do conteúdo. Essa é uma estrutura que os estudantes precisam entender se quiserem compreender com sucesso textos informativos. Essa estrutura textual é sinalizada por palavras como *porque, causa, já que, como resultado, então*, etc.

QUAL O SEU PROPÓSITO?

O Resumo de Problema-Solução é um organizador visual que concentra a atenção em passagens que apresentam um problema e uma ou mais soluções em potencial. Esse resumo ajuda os alunos a se concentrarem e a registrarem a natureza do problema, assim como o motivo por que ele é um problema. A seguir, ele requer que os alunos considerem soluções tentadas, consequências e o resultado final.

O QUE EU FAÇO?

1. Localize um texto que ilustre o padrão de problema-solução. Apresente esse padrão aos alunos, lembrando-os de procurar pelas palavras sinalizadoras mencionadas acima.

2. Apresente o organizador visual Resumo de Problema-Solução, explicando que ele ajuda a identificar quem tem o problema, qual é o problema e por que ele existe. O resumo também requer que os alunos identifiquem soluções tentadas e consequências.
3. Peça a seus alunos que leiam a passagem com o propósito de identificar o problema, a solução e as consequências.
4. Faça os alunos trabalharem em duplas para identificar o padrão em um texto e completar o Resumo de Problema-Solução.

EXEMPLO

A professora Andrea Jackson envolveu seus alunos de História dos Estados Unidos no estudo da corrida do ouro na Califórnia. Eles leram *The great american gold rush*, de Rhoda Blumberg (1989), como parte do estudo. Para ajudar a sensibilizar os alunos aos grandes perigos de incêndio em San Francisco naquela época, ela apresentou a estrutura de problema-solução. Ela mostrou-lhes vários exemplos de textos ilustrando essa estrutura e destacou as palavras sinalizadoras tipicamente usadas com o problema-solução. A seguir, Andrea pediu que seus alunos lessem uma breve seção sobre alguns dos problemas que atormentavam a cidade de San Francisco descritos no livro de Blumberg. Após sua leitura, ela apresentou o Resumo de Problema-Solução. Andrea explicou o organizador, e a turma trabalhou em conjunto para completar o resumo mostrado a seguir:

Exemplo de resumo de problema-solução

Problema	
Quem tem o problema?	*A cidade de San Francisco.*
Qual é o problema?	*Incêndios eram comuns.*
Por que era um problema?	*A maioria dos prédios era de madeira e pegava fogo fácil.*

Solução	Consequência
Os habitantes e os empresários começaram a construir prédios de tijolos.	*Os prédios ficaram mais resistentes ao fogo.*

Resultado Final
Reconstruir não era mais uma necessidade depois de cada incêndio, já que os novos prédios eram mais resistentes ao fogo.

REFERÊNCIA*

Blumberg, R. (1989). *The great American gold rush*. New York: Atheneum. (M).

É COM VOCÊ!

Escolha um texto do apêndice do final deste livro ou um de sua preferência. Peça aos alunos que leiam esse texto, procurando por palavras sinalizadoras associadas com essa estrutura e o problema e a solução descritos no texto. Depois disso, faça seus alunos completarem o organizador na próxima página.

---

* N. de R.T.: Em português: Kleiman, A. *Oficina de leitura: teoria e prática*. São Paulo: Pontes, 1996.

Organizador de problema-solução

Diretrizes: Pense no problema e na solução sobre os quais você leu. Registre a informação sobre o problema, a solução, as consequências e o resultado final nos quadros abaixo.

Problema
Quem tem o problema?
Qual é o problema?
Por que era um problema?

Solução	Consequência

Resultado Final

Extraído de *35 estratégias para desenvolver a leitura com textos informativos*, de Barbara Moss e Virginia S. Loh. © 2012, Penso Editora Ltda. Permissão para fazer fotocópia garantida aos compradores deste livro somente para uso pessoal.

Parte V

Estratégias de **Escrita**

Estratégia 28
Eu lembro

Séries: até a 6ª do ensino fundamental

Começando
Ganhando prática
Vocabulário
Compreensão
Escrita

O QUE É ISSO?

A estratégia Eu Lembro (Hoyt, 2009) ajuda a direcionar os estudantes ao conteúdo do texto informativo ao mesmo tempo em que dá às crianças pequenas a oportunidade de se expressarem na escrita. Eu Lembro é tipicamente utilizado quando o professor lê um texto informativo em voz alta, mas também pode ser adaptado para quando os estudantes estão lendo esse tipo de texto independentemente. O professor lê uma pequena seção do texto em voz alta, e, em um momento propício de intervalo, os alunos param para pensar no que se lembram do texto. Então, eles compartilham essa informação com a turma, inicialmente falando, depois escrevendo.

QUAL O SEU PROPÓSITO?

Eu Lembro é uma excelente estratégia para desenvolver as habilidades de linguagem oral e de escuta dos alunos ao trabalhar textos informativos. Essa estratégia requer que os estudantes ouçam para captar informações e então produzirem linguagem em torno dessa informação. Assim que os alunos conseguirem expressar essa informação oralmente, eles estarão prontos para responder ao texto informativo por meio da escrita.

O QUE EU FAÇO?

1. Escolha um livro informativo para ler em voz alta para seus alunos. O livro deve ser apropriado à idade e às habilidades deles.
2. Quebre a leitura em pequenos blocos de texto identificando pontos onde fazer um intervalo.
3. Escreva o pedaço de frase "Eu lembro" em uma linha.
4. Prepare seus alunos para ouvirem a leitura do texto fazendo-os prever o conteúdo do texto a partir da capa (veja a Estratégia 8). Talvez você também queira apresentar novos vocábulos.
5. Lembre seus alunos de que eles precisam escutar para lembrar. Leia uma pequena seção do texto em voz alta.
6. Mostre aos alunos como eles podem completar a frase "Eu lembro" oralmente, completando-a com informações pertinentes do texto.
7. Continue a ler pedindo a seus alunos que completem a frase em vários intervalos.
8. Mostre aos alunos como registrar suas respostas orais na escrita completando a Tabela Eu Lembro. Faça-os trabalhar com um colega para primeiro dar sua resposta oralmente e, a seguir, registrá-la por escrito.

EXEMPLO

Os alunos de 2ª série da professora Hilary Sanchez gostam de estudar livros informativos. Hilary lê esses livros em voz alta para eles regularmente. Para ajudá-los a desenvolver suas habilidades de escuta, ela decidiu ensinar-lhes a estratégia Eu Lembro.

Hilary iniciou a lição explicando aos alunos que eles teriam de lembrar aquilo que escutassem. Ela lembrou-lhes que eles precisavam pensar enquanto ela lia para se lembrarem dos fatos do livro que ela havia escolhido. Ela mostrou-lhes uma tabela com as palavras "Eu lembro que _____" escrita em letras grandes, e indicou-lhes que eles usariam essas palavras para começar suas frases.

Antes de iniciar a leitura em voz alta da obra *Ladybugs: red, fiery and bright* (Posada, 2002), Hilary apresentou aos alunos as gravuras do livro e os fez prever que informações estariam dispostas no texto. Nesse momento, ela explicou que leria o livro em voz alta e pararia periodicamente para lhes dar a chance de lembrar as informações.

Hilary pôs o texto na câmera de documentos e leu as primeiras duas páginas em voz alta. Então, ela parou e mostrou aos alunos como criar uma frase que começasse com "Eu lembro que". Ela apontou para as palavras na tabela e disse: "Eu lembro que joaninhas têm manchas pretas e costas vermelhas". Ela registrou essa afirmação na tabela para que os alunos pudessem ver. A seguir, ela convidou os alunos a compartilharem suas próprias frases com "Eu lembro". Diversos alunos responderam, e Hilary anotou suas frases na tabela. Exemplos de resposta estão registrados a seguir:

Exemplos de respostas eu lembro
Eu lembro que *as joaninhas botam ovos.*
Eu lembro que *as joaninhas controlam pulgões.*
Eu lembro que *as joaninhas fazem a muda.*

Ela continuou a ler o livro, parando em pontos estratégicos. Ela deu continuidade ao padrão de dar exemplos de frases para os alunos e depois anotar suas respostas na tabela.

Nesse momento, Hilary distribuiu cópias das últimas duas páginas do texto aos alunos. Ela leu em voz alta para eles e então pediu a cada aluno que pensasse em uma frase com "Eu lembro". A seguir, os fez compartilhar suas afirmações oralmente com um colega para depois registrá-las por escrito. Ela circulou pela sala monitorando suas respostas.

REFERÊNCIAS[*]

Hoyt, L. (2009). *Revisit, reflect, retell: time-tested strategies for teaching Reading comprehension* (updated ed.). Portsmouth, NH: Heinemann.
Posada, M. (2002). *Ladybugs: red, fiery and bright.* New York: Carolrhoda. (P).

---

[*] N. de R.T.: Em português: Marcuschi, L.A. A língua falada e o ensino de português. In: Bastos, N. (org.) *Língua Portuguesa, história, perspectiva, ensino.* São Paulo: Educ, 1998.

É COM VOCÊ!

Escolha um texto informativo para ler em voz alta para seus alunos ou faça-os ler independentemente. Escolha um texto do apêndice do final deste livro ou um de sua preferência. Mostre a estratégia Eu Lembro para eles, e a seguir faça-os praticar criando frases com "Eu lembro" oralmente em pontos estratégicos do texto. Conforme os alunos desenvolvem suas habilidades com essa estratégia, eles podem escrever ou desenhar o que lembram nos espaços dados no modelo.

Tabela Eu Lembro

Diretrizes: Trabalhe com um colega para escrever três coisas de que se lembram do livro.

Eu lembro que _____.

Eu lembro que _____.

Eu lembro que _____.

Extraído de *35 estratégias para desenvolver a leitura com textos informativos*, de Barbara Moss e Virginia S. Loh. © 2012, Penso Editora Ltda. Permissão para fazer fotocópia garantida aos compradores deste livro somente para uso pessoal.

Estratégia 29
Recontar por escrito

3ª série do ensino fundamental – 3º ano do ensino médio

Começando
Ganhando prática
Vocabulário
Compreensão
Escrita

O QUE É ISSO?

A estratégia de Recontar por Escrito só necessita que os estudantes recontem aquilo que se lembram de ter lido ou ouvido de um texto, seja oralmente ou escrevendo. Ao recontarem, os alunos dão aos professores uma noção de suas habilidades de interagir, explorar ou tirar conclusões de um texto. Recontar por Escrito é um modo excelente de desenvolver a compreensão que os alunos têm de textos expositivos. A maioria dos professores está ciente das formas como recontar narrativas pode ajudar a desenvolver a compreensão de um texto; recontar textos expositivos pode ser igualmente útil nessa área.

QUAL O SEU PROPÓSITO?

Recontar tanto Oralmente quanto por Escrito dá aos alunos um papel ativo na reconstrução de um texto, e requer que eles reestruturem materiais que leram de forma própria, um processo que requer clara compreensão do conteúdo textual. Recontar por Escrito também dá aos professores uma ótima forma de avaliação, permitindo que vejam *como* e *quanta* informação os alunos retêm após lerem ou ouvirem um texto. Recontar textos informativos também dá aos professores uma noção da sensibilidade dos alunos ao gênero e de sua habilidade de organizar informações. Recontar por Escrito pode fazer os alunos refletirem sobre a conexão entre suas próprias vidas e os livros informativos que estejam lendo.

Estudantes de todas as idades podem se beneficiar de Recontar Oralmente textos expositivos. Alunos da 4ª série em diante provavelmente se beneficiarão mais de Recontar por Escrito, apesar de alguns alunos mais jovens também poderem ter sucesso com essa estratégia. Os professores podem acompanhar a fluência escrita dos alunos com essa estratégia e avaliar sua compreensão dos textos informativos. Essa estratégia também pode ser usada com leitores que tenham dificuldades a partir da 5ª série, ou com alunos que ainda não dominam a língua do país onde moram (imigrantes, por exemplo). Esses últimos podem se beneficiar particularmente dessa estratégia, visto que a natureza concreta dos textos informativos pode ajudá-los a construir pontes entre suas primeira e segunda línguas. Semelhanças linguísticas podem ficar mais óbvias quando objetos e animais são o foco da aprendizagem.

O QUE EU FAÇO?

Uma sequência de três fases pode facilitar o desenvolvimento da habilidade dos alunos de Recontar por Escrito. Primeiro, eles podem recontar baseando-se na leitura do professor de pequenos livros informativos ilustrados ou artigos breves de revista ou jornal. Depois disso, os alunos podem ler textos apropriados ao seu nível por conta própria e recontá-los. Mais tarde, eles podem começar a ouvir e ler textos para Recontá-los por Escrito.

Os passos seguintes podem orientar o processo:
1. Antes de ler o texto em voz alta, os professores devem ajudar os alunos a começar a pensar sobre o conteúdo de um livro por meio de estratégias como a KWHL (Estratégia 6). Eles podem usar as perguntas de previsão da Leitura Compartilhada (Estratégia 4) como guia.
2. Os alunos devem praticar o recontar em duplas ou em pequenos grupos após ouvir o texto. Os professores podem orientar os alunos durante essa fase, encorajando-os a notar a organização e as estruturas textuais. Durante essa fase, os professores podem fazê-los completar organizadores gráficos que refletem essas estruturas.
3. Conforme os alunos desenvolvem sua habilidade de recontar oralmente materiais que leram, eles podem começar a Recontar por Escrito. Brown, Bransford, Ferrara e Campione (1983) recomendam os seguintes passos para fazer os alunos Recontarem por

Escrito textos expositivos:
- Primeiro, por vários dias antes de recontar, os alunos devem ficar imersos em um estudo do assunto do texto a ser recontado. Isso pode envolver leituras compartilhadas (Estratégia 4), leitura de textos informativos em voz alta (Estratégia 3), leitura silenciosa prolongada e/ou um *brainstorm* das informações aprendidas.
- Segundo, o professor distribui o texto a ser recontado, dobrado de forma que apenas o título seja visível.
- A seguir, os alunos escrevem uma ou duas frases indicando qual pensam que será o assunto do texto (Estratégia 8). Então, eles fazem previsões de palavras que acham que poderão encontrar na seleção. Depois disso, compartilham suas previsões uns com os outros.
- Nesse momento, o professor lê o texto em voz alta enquanto seus alunos o acompanham. Os alunos releem o texto quantas vezes desejarem, fazendo anotações ou criando organizadores visuais (veja Estratégias 20-25). A seguir, eles podem recontar o texto.
- Após recontarem o texto por escrito, eles compartilham o que escreveram com os outros. Eles comparam seu trabalho, discutindo semelhanças e diferenças. Podem também avaliar o que escreveram usando uma lista para checar o conteúdo ou rubricas como a da próxima página.

EXEMPLO

Diane James, professora de 2ª série, decidiu começar a envolver seus alunos na técnica de Recontar por Escrito para familiarizá-los com a natureza de textos expositivos. Ela começou lendo livros simples em voz alta, em alguns momentos por várias vezes, e os fez Recontar Oralmente os textos. Ela também lhes mostrou como Recontar por Escrito.

Aproximando-se do final do ano, Diane planejou ler em voz alta o livro *How kittens grow*, de Millicent Selsam (1992). Ela pediu a seus alunos que escrevessem frases explicando sobre o que achavam que o livro trataria e predissessem palavras que achavam que poderiam ouvir. Então, ela leu em voz alta enquanto seus alunos a acompanhavam; a seguir, recortou vários pedaços do texto e montou fotografias-chave demonstrando a sequência de eventos do livro (Estratégia 24) em papelão. As crianças trabalharam em duplas para colocar as figuras em ordem. A seguir, elas recontaram a história do livro umas para as outras. Nesse ponto, elas usaram as estruturas de frases (Estratégia 33) fornecidas por Diane para trabalhar em duplas e recontar o texto por escrito (veja o exemplo adiante). Elas deram sua opinião uns aos outros quanto à qualidade de suas narrativas usando o Formulário para Recontar Textos Informativos como orientação. Após isso, Diane releu o livro em voz alta. Nesse momento, os alunos discutiram as seções do texto que haviam esquecido ou errado durante suas versões e adicionaram-nas quando Recontaram por Escrito.

Recontar por escrito – exemplo

O título do livro é _How kittens grow_. É escrito por _Millicent E. Selsam_. O livro começa quando uma _mãe gato acabou de ter quatro filhotes. Os olhos e as orelhas dos gatinhos estão fechados. Os gatos chupam leite de sua mãe_. Quando os gatinhos têm 2 semanas de vida, _eles abrem os olhos e pesam duas vezes mais do que pesavam quando nasceram_. Quando os gatos têm 4 semanas de vida, _eles podem ir até sua mãe beber leite, e podem ver e ouvir e brincar_. Quando os gatinhos têm 5 semanas de vida, _eles bebem de um pires e aprendem a comer sólidos e a caçar_. Quanto têm 8 semanas de idade, _comem comida sólida, caçam e correm. Eles podem fazer tudo o que um gato adulto faz. É nessa época que você deve adotar um gatinho_.

REFERÊNCIAS

Brown, A. L., Bransford, J. W., Ferrara, R. F., & Campione, J. (1983). Learning, remembering, and understanding. In J. Flavell & E. Markham (Eds.), *Handbook of child psychology* (pp. 393-451). New York: Wiley.
Selsam, M. (1992). *How kittens grow*. New York: Four Winds Press. (P).

É COM VOCÊ!

Tente usar a estratégia Recontar por Escrito com seus alunos. Use atividades prévias de leitura para prepará-los a ouvir o livro que você lerá em voz alta. Então, faça-os ouvi-lo lendo um texto expositivo simples em voz alta. Depois, faça-os recontar oralmente em duplas. Após isso, faça-os registrar o que disseram para que Recontem por Escrito o texto. Depois dos alunos terem Recontado por Escrito, entregue-lhes o formulário da próxima página. Faça cada um avaliar a reescrita do outro, usando uma lista de conteúdo simples para checar o desempenho da sua dupla.

---

* N. de R.T.: Em português: Dolz, J.; Schneuwly, B. O oral como texto: como construir um objeto de ensino. In: *Gêneros orais e escritos na escola*. São Paulo: Mercado de Letras, 2004.

Formulário para recontar textos por escrito

Diretrizes: Complete o formulário abaixo.

Nome _____ Livro usado _____

1 Marque aquilo que a sua dupla fez bem

_____ Mencionou o autor e o título do livro

_____ Lembrou-se de incluir as ideias principais

_____ Lembrou-se dos detalhes

_____ Colocou as informações na ordem correta

_____ Deu informações precisas

_____ Sabia como o texto era organizado

_____ Usou os vocábulos encontrados no texto

_____ Escreveu frases completas

2 Usando o espaço abaixo, escreva como você acha que seu companheiro(a) se saiu. O que ele ou ela poderia fazer melhor da próxima vez?

_____
_____
_____
_____
_____
_____
_____
_____

Extraído de *35 estratégias para desenvolver a leitura com textos informativos*, de Barbara Moss e Virginia S. Loh. © 2012, Penso Editora Ltda. Permissão para fazer fotocópia garantida aos compradores deste livro somente para uso pessoal.

Estratégia 30

Teatro dos leitores

3ª série do ensino fundamental – 3º ano do ensino médio

Começando
Ganhando prática
Vocabulário
Compreensão
Escrita

O QUE É ISSO?

O Teatro dos Leitores é a apresentação oral de um texto por um grupo de leitores. O Teatro dos Leitores não costuma envolver objetos, fantasias ou a memorização de falas, o que o torna uma estratégia ideal para muitos estudantes. Eles, contudo, devem ler suas partes fluentemente, com teor dramático e a entonação adequada. O Teatro dos Leitores costuma ser usado com textos narrativos ou contos populares, mas pode ser facilmente adaptado para textos informativos.

QUAL O SEU PROPÓSITO?

O propósito do Teatro dos Leitores é dar aos alunos a oportunidade de se envolver em uma apresentação dramática de um texto. O Teatro dos Leitores pode ajudá-los a visualizar a ação em uma história de modo que simplesmente ler um texto informativo não consegue. Essa estratégia pode fornecer os meios para aprimorar a compreensão dos alunos acerca de um texto em um formato motivador e envolvente.

Livros informativos e biografias com diálogos são facilmente adaptáveis a esse formato, mas livros ilustrados ou excertos de livros mais longos também podem ser eficientes. Livros informativos como *Oh freedom!: kids talk about the civil rights movement with the people who made it happen*, de King e Osborne (1997), ou *Owen and Mzee: the true story of a remarkable friendship* (Hatkoff, Hatkoff, e Kahumbu, 2006) são excelentes exemplos de livros que podem ser facilmente adaptados a esse formato.

O QUE EU FAÇO?

As seguintes orientações podem ajudar os professores a adaptar textos informativos ao Roteiro do Teatro dos Leitores (Young e Vardell, 1993):
1. Escolha uma seção interessante de um texto que tenha o conteúdo desejado.
2. Reproduza o texto.
3. Apague frases que não sejam importantes para o conteúdo enfatizado, incluindo aquelas que dizem que um personagem está falando. O narrador costuma ter papel importante em textos informativos.
4. Decida como dividir os papéis entre os leitores. O diálogo pode ser atribuído aos personagens apropriados. Com alguns textos, será necessário reescrever algumas partes em forma de diálogo ou com múltiplos narradores. Mudar o ponto de vista da terceira pessoa ao ponto de vista da primeira pessoa ("eu" ou "nós") pode criar uma narrativa eficiente.
5. Adicione um prólogo para apresentar o roteiro como se fosse uma história. Se necessário, pode ser incluído um epílogo para dar um fechamento.
6. Indique os papéis dos leitores colocando o nome de quem fala na margem esquerda seguido de "dois pontos".
7. Quando um roteiro estiver pronto, peça para outros o lerem em voz alta. Ouvir o roteiro torna mais fácil fazer as revisões necessárias.
8. Dê tempo para os alunos lerem e ensaiarem seus papéis.

Um passo óbvio para utilizar o Teatro dos Leitores é envolver seus alunos na seleção de livros dos quais eles possam desenvolver o próprio Roteiro do Teatro dos Leitores. Por meio dessa atividade, os alunos aprendem a desenvolver habilidades de pensamento crítico, tomada de decisão, trabalho cooperativo, além de se envolverem no processo de revisão.

EXEMPLO

Kelly Evans, professora de 4ª série, decidiu envolver seus alunos no uso do Roteiro do Teatro dos Leitores que ela desenvolveu baseada no livro *Abe's honest words: the life of Abraham Lincoln* (Rappaport, 2008). Ela apresentou o roteiro usando uma KWHL (Estratégia 6) e fez seus alunos lerem o roteiro em grupo. Após lerem e discutirem o roteiro, ela atribuiu um papel a cada aluno. Nesse momento, eles formaram duplas e praticaram seus papéis. Após cada um ter tido bastante tempo para praticar, eles trabalharam como turma e leram o roteiro inteiro. Após diversas experiências com diferentes roteiros, Kelly começou a envolvê-los na criação dos próprios roteiros, baseando-se em alguns dos livros recomendados acima. Ela mostrou como escrever um Roteiro do Teatro dos Leitores e, então, dividiu seus alunos em grupos para que criassem os seus.

REFERÊNCIAS*

Hatkoff, I., Hatkoff, C., & Kahumbu, P. (2006). *Owen and Mzee: the true story of a remarkable friendship*. New York: Scholastic. (P).
King, C., & Osborne, L. B. (1997). *Oh freedom!: kids talk about the civil rights movement with the people who made it happen*. New York: Knopf. (YA).
Rappaport, D. (2008). *Abe's honest words: the life of Abraham Lincoln*. New York: Hyperion. (P).
Young, T. A., & Vardell, S. M. (1993). Weaving reader's theatre and nonfiction into the curriculum. *The reading teacher*, 46, 396-406.

É COM VOCÊ!

Escolha um dos livros sugeridos e desenvolva um Roteiro do Teatro dos Leitores com ele. Siga os passos descritos acima, ou, para mais informações, consulte o artigo de Young e Varcell (1993) listado nas referências. Após os alunos terem experiência no Teatro dos Leitores, eles podem querer escrever os próprios roteiros. O modelo na próxima página fornece um "primeiro passo" para esse processo. Os alunos podem registrar o nome do falante na linha curta da esquerda e o que a pessoa diz nas linhas à direita.

---

* N. de R.T.: Em português: Mitmann. S. Leitura de textos jornalísticos em sala de aula. In: Lampert, E. (org.) *O ensino sob o olhar dos educadores*. Pelotas: Seiva, 2003.

Roteiro do Teatro dos Leitores

Diretrizes: Pense sobre como transformar seu livro em um roteiro. Quem serão os personagens? O que cada um irá dizer? Registre os nomes dos falantes nas linhas curtas e o que eles estão dizendo nas linhas maiores.

Falantes: _____

_____

_____

_____

_____ : _____

_____ : _____

_____ : _____

_____ : _____

_____ : _____

_____ : _____

_____ : _____

_____ : _____

_____ : _____

_____ : _____

_____ : _____

_____ : _____

_____ : _____

Extraído de *35 estratégias para desenvolver a leitura com textos informativos*, de Barbara Moss e Virginia S. Loh. © 2012, Penso Editora Ltda. Permissão para fazer fotocópia garantida aos compradores deste livro somente para uso pessoal.

Estratégia 31
Jornal de duas colunas

Séries: até 6ª do ensino fundamental

Começando
Ganhando prática
Vocabulário
Compreensão
Escrita

O QUE É ISSO?

Jornais de Duas Colunas deixam os alunos registrarem e responderem a textos informativos, promovendo respostas tanto estéticas ou emocionais quanto eferentes ou factuais à literatura. Em um dos lados do Jornal de Duas Colunas, os alunos registram fatos encontrados em um livro ou artigo de revista ou de jornal. Eles registram palavras ou frases diretamente do texto ou reescrevem a informação em suas próprias palavras. No lado direito do jornal, eles descrevem seus sentimentos ou suas respostas emocionais a esses fatos.

QUAL O SEU PROPÓSITO?

O propósito do Jornal de Duas Colunas é fazer os estudantes pensarem sobre seu aprendizado de modo mais aprofundado por meio da escrita. Refletindo sobre o que eles acham que aprenderam, os estudantes são lembrados da necessidade de se envolver ativamente na leitura e de estabelecer conexões entre o texto e suas próprias vidas.

O QUE EU FAÇO?

1. Escolha um livro ou artigo de revista ou de jornal apropriado.
2. Faça os alunos dividirem uma folha ao meio, dobrando-a verticalmente.
3. No lado esquerdo da folha, faça-os escrever "O que estava dito" na primeira linha.
4. No lado direito da folha, faça-os escrever "O que eu pensei" na primeira linha.
5. Peça aos alunos que identifiquem um número específico de fatos interessantes do material de leitura. Faça-os registrar cada fato do lado esquerdo da folha. Próximo de cada fato, faça-os registrar suas reações ou sentimentos no lado direito da folha.
6. Discuta seus fatos e suas reações com a turma.

EXEMPLO

Colin Danes, professor de 6ª série, envolveu seus alunos em uma unidade de estudo sobre imigração. Como parte desse estudo, seus alunos leram *Immigrant kids* (Freedman, 1995). Após completarem a leitura, Colin pediu aos alunos que completassem Jornais de Duas Colunas relacionados ao livro. Ele instruiu-os a identificar quatro fatos que aprenderam do livro e a registrá-los na coluna da esquerda, sob o título "O que foi dito". Eles também foram instruídos a registrar sua reação a cada fato, ou "O que eu pensei", no lado direito (veja o exemplo de um dos trabalhos a seguir). Após completarem seus jornais, os alunos os compartilharam em pequenos grupos, discutindo seus fatos e suas respostas.

Exemplo: Jornal de duas colunas	
O que foi dito	O que eu pensei
1. As crianças naquela época tinham que trabalhar para sustentar as famílias.	1. Não acho que crianças tenham que trabalhar para sustentar suas famílias.
2. As crianças naquela época se interessavam por beisebol.	2. Eu também adoro beisebol, igual às crianças daquela época.
3. As crianças naquela época formavam gangues que lutavam com paus e pedras.	3. As crianças de hoje também formam gangues, mas elas lutam com armas.
4. As crianças imigrantes daquela época tinham que decorar fatos no colégio.	4. As crianças de hoje ainda têm que decorar fatos na escola, então acho que os colégios não mudaram muito.

REFERÊNCIA

Freedman, R. (1995). *Immigrant kids*. New York: Puffin. (I).

É COM VOCÊ!

Escolha um livro ou artigo de jornal ou de revista para seus alunos lerem. Escolha um texto do apêndice do final deste livro ou um de sua preferência. Após seus alunos terem lido, faça-os registrar quatro ou cinco fatos sobre o que leram na seção "O que foi dito" e suas reações a esses fatos na seção "O que eu pensei". A próxima página fornece um modelo para suas respostas.

---

* N. de R.T.: Em português: Silva, E.T. *Leitura na escola e na biblioteca*. São Paulo: Papirus, 1993.

Jornal de duas colunas

Diretrizes: Escreva o que o livro disse na coluna da esquerda.
Para cada afirmação, escreva o que você achou ou como se sentiu a respeito.

O que foi dito	O que eu pensei

Extraído de *35 estratégias para desenvolver a leitura com textos informativos*, de Barbara Moss e Virginia S. Loh. © 2012, Penso Editora Ltda. Permissão para fazer fotocópia garantida aos compradores deste livro somente para uso pessoal.

Estratégia 32
Registro de aprendizagem

4ª série do ensino fundamental – 3º ano do ensino médio

Começando
Ganhando prática
Vocabulário
Compreensão
Escrita

O QUE É ISSO?

Registros de Aprendizagem são cadernos em que os estudantes anotam informações sobre materiais relacionados ao conteúdo. Essas informações podem incluir perguntas, desenhos, redes, tabelas e assim por diante (Bromley, 1993). Registros de Aprendizagem não envolvem experiência formal de escrita, mas enfatizam o uso da escrita como tarefa reflexiva para recuperar informações.

QUAL O SEU PROPÓSITO?

Registros de Aprendizagem permitem que os estudantes registrem informações sobre o aprendizado usando o formato de sua preferência: diagrama, desenho, ilustração ou texto. Essa estratégia fornece ao aluno registros de sua aprendizagem ao longo do tempo, o que pode ser útil ao estudar para provas ou exames.

O QUE EU FAÇO?

1. Para envolver seus alunos no uso de Registros de Aprendizagem, os professores devem solicitar que eles comprem cadernos es-

pirais ou cadernos de folha pautada que sirvam de Registro de Aprendizagem.
2. Selecione materiais de conteúdo adequado às habilidades de seus alunos.
3. Mostre como realizar os vários tipos de atividades de Registro de Aprendizagem que seus alunos podem usar para responder ao texto. Essas experiências podem ocorrer antes, durante ou após a leitura, e podem necessitar que seus alunos realizem previsões do conteúdo (Estratégia 8), escrevam pequenos textos, criem Tabelas de Informações (Estratégia 21), desenvolvam redes (Estratégia 20) ou usem ilustrações para lembrar de informações-chave.
4. Dê-lhes atividades de Registro de Aprendizagem. Essas atividades podem ser divididas em pequenos grupos. Oriente seus alunos a revisar seus Registros de Aprendizagem ao se prepararem para provas, apresentações em grupo ou outras atividades da sala de aula.

EXEMPLO

Wade Duram, professor de ciências da 7ª série, envolveu seus alunos em pequenas leituras de diversos textos sobre o clima. Sempre depois de lerem dois capítulos, seus alunos precisavam anotar as informações aprendidas em seus Registros de Aprendizagem. Eles tinham a opção de desenhar, escrever pequenos textos ou montar redes em seus registros. Após ler *Hurricanes: earth's mightiest storms* (Lauber, 2001), um aluno desenhou a seguinte ilustração em seu Registro de Aprendizagem. Essa imagem representa o processo pelo qual um furacão se forma.

| Furacões se movem em direção à costa, assim como grandes quantidades de água. | ➡ | A água se acumula e aumenta. | A massa de água, ou maré de tempestade, faz com que o furacão cause grandes danos. |

REFERÊNCIAS*

Bromley, K. (1993). *Journaling: engagements in reading, writing and thinking*. New York: Scholastic.
Lauber, P. (2001). *Hurricanes: earth's mightiest storms*. New York: Houghton Mifflin Press. (M).

É COM VOCÊ!

Um modelo de Registro de Aprendizagem aparece na próxima página. Usando um texto expositivo, faça seus alunos escreverem informações em seus Registros de Aprendizagem. Escolha um texto do apêndice do final deste livro ou um de sua preferência. Primeiro, mostre a seus alunos exemplos de diferentes formas como eles podem anotar as informações que aprenderam em seus registros, tais como diagramas, pequenos textos, vocabulário e/ou redes. A seguir, dê-lhes a oportunidade de registrar as informações no modelo.

---

* N. de R.T.: Em português: Boréo, S. (org.) *A leitura e a escrita como práticas discursivas*. Pelotas: Educat, 2001.

Registro de Aprendizagem

Assunto: _____

Vocabulário novo que aprendi

Palavra	Definição	Desenho/Frase

Ideias de que preciso me lembrar:

Anote informações importantes do texto aqui. Você pode usar redes, textos curtos ou desenhos para ajudá-lo a recordar a informação.

Extraído de *35 estratégias para desenvolver a leitura com textos informativos*, de Barbara Moss e Virginia S. Loh. © 2012, Penso Editora Ltda. Permissão para fazer fotocópia garantida aos compradores deste livro somente para uso pessoal.

Estratégia 33
Estrutura de criação de parágrafo

3ª série do ensino fundamental – 3º ano do ensino médio

Começando
Ganhando prática
Vocabulário
Compreensão
Escrita

O QUE É ISSO?

Estruturas de Criação de Parágrafos são uma forma excelente de ajudar seus alunos a escrever textos expositivos (Armbruster, Anderson, e Ostertag, 1989). Elas são igualmente eficientes com crianças mais jovens ou mais velhas que têm problemas de escrita. Originalmente criadas para uso junto do material didático, elas também são eficientes com livros informativos em geral e artigos de revista ou de jornal. Essas estruturas ajudam os alunos a aprofundarem sua compreensão dos padrões de textos expositivos encontrados com maior frequência, que incluem descrição, sequência, comparação-contraste, causa-efeito e problema-solução.

Estruturas de Criação de Parágrafos empregam o Teste de Cloze, fornecendo inícios de frases que incluem palavras sinalizadoras. Quando essas frases forem completadas, os estudantes terão escrito um parágrafo que segue uma das estruturas mais comuns dos textos expositivos. Elas fornecem uma excelente forma de dar seguimento às estratégias apresentadas anteriormente nesse livro, tais como o Mapa Semântico (Estratégia 23), a Tabela de Séries de Eventos (Estratégia 24), o Diagrama de Venn (Estratégia 25), o Mapa de Causa-Efeito (Estratégia 26) e o Resumo de Problema-Solução (Estratégia 27). Após aprenderem sobre cada padrão de texto expositivo por meio dessas estratégias, os alunos podem, então, tentar escrever parágrafos próprios que ilustrem cada padrão.

QUAL O SEU PROPÓSITO?

Essas estruturas ajudam os alunos a aprofundar sua compreensão dos padrões de textos expositivos encontrados com maior frequência, que incluem descrição, sequência, comparação-contraste, causa-efeito e problema-solução. Elas efetivamente auxiliam os esforços dos alunos no uso dessas estruturas na própria escrita.

O QUE EU FAÇO?

1. Apresente as diversas estruturas uma de cada vez. Primeiro, mostre como escrever um pequeno parágrafo ilustrando o padrão organizacional apresentado. Por exemplo, o professor poderia escrever um parágrafo sobre um assunto que ilustre sequenciamento. Nesse parágrafo, ele deve usar palavras sinalizadoras como *primeiro, então, a seguir* e *finalmente*.
2. Depois disso, o professor deve revisar a sequência de eventos no parágrafo junto da turma.
3. Nesse momento, o professor deve dar a seus alunos as frases em separado e fazê-los organizá-las em ordem.
4. Dependendo de sua habilidade, os alunos podem copiar essas frases em formato de parágrafo em seus cadernos.
5. O professor então apresenta as Estruturas de Criação de Parágrafos para a turma e compartilha as respostas individuais de seus alunos. Algo que pode ajudá-los é saber qual a primeira frase da estrutura.

EXEMPLO

A professora Jane Hammond trabalhava com alunos de 7ª série que não eram nativos daquele idioma. Escrever era uma grande dificuldade para eles. Jane vinha trabalhando já há algum tempo para ajudá-los a reconhecer as várias estruturas de textos expositivos. Ela decidiu se concentrar no uso da estrutura de comparação-contraste e mostrou um exemplo de trabalho escrito que ilustrava esse padrão. Ela ajudou seus alunos a identificar as palavras sinalizadoras no trecho. A seguir, ela apresentou a Estrutura de Criação de Parágrafos, explicando a seus alunos que era semelhante ao Teste de Cloze que eles haviam usado antes.

Nesse momento, Jane leu em voz alta uma seção de *George vs. George: the American Revolution as seen from both sides* (Schanzer, 2007), um livro excelente que explora a Revolução Americana de 1776 dos pontos de vista de George Washington e George III. Ela leu em voz alta a parte do texto que comparava a vida na Inglaterra com a vida nas colônias.

Nesse momento, os alunos completaram uma estrutura de comparação-contraste conforme ilustrado a seguir. As palavras dos alunos estão em itálico no exemplo.

> A vida na Inglaterra e nas colônias era diferente de muitas formas. Primeiro, *muitas pessoas na Inglaterra viviam em Londres, a maior cidade da Europa, mas a maior parte dos colonos vivia em fazendas.* Segundo, *os ricos habitantes de Londres passavam o tempo em cafés da cidade, tavernas e jardins, ao passo que a maior parte dos colonos era de classe média e incluía fazendeiros, vendedores, professores e artesãos.* Terceiro, *as cidades britânicas eram poluídas de fumaça, ao passo que as cidades americanas tinham lindas florestas, peixes e muito espaço.* Enfim, *pobres na Inglaterra incluíam mendigos e batedores de carteiras, enquanto os colonos pobres eram comumente trabalhadores, servos contratados e escravos.*

REFERÊNCIAS*

Armbruster, B., Anderson, T. H., & Ostertag, J. (1989). Teaching text structure to improve reading and writing. *The reading teacher*, 43, 130-137.
Schanzer, R. (2007). *George vs. George: the American Revolution as seen from both sides*. Washington, DC: National Geographic. (I).

É COM VOCÊ!

Apresente a seus alunos estruturas de escrita de textos expositivos usando as sugestões apresentadas acima. Então, faça-os testar as estruturas encontradas na página a seguir. Talvez você queira modificá-las, dependendo do assunto e do tópico estudados.

---

* N. de R.T.: Em português: Filipouski. A.M. Atividades com texto em sala de aula. In: Zilberman, R. (org.) *Leitura em crise na sala de aula: as alternativas do professor*. Porto Alegre: Mercado Aberto, 1988.

Estruturas de criação de parágrafos

Estrutura de descrição

_____ tem muitas características interessantes. Primeiro, têm _____, o que lhes permite _____. Segundo, têm _____, que são _____ _____ Por fim, têm _____ _____, que _____ _____.

Estrutura de sequenciamento

O primeiro passo para se fazer um _____
é _____.
Depois disso, deve-se _____.
Após, é preciso _____.
Por fim, é necessário _____
_____.

Estrutura de comparação

_____ são semelhantes de muitas formas. Primeiro, ambas são _____ _____ e _____. Segundo, elas têm semelhantes _____. Por fim, ambas _____ _____.

Estruturas de criação de parágrafos (cont.)

Estrutura de contraste

_____ eram diferentes de muitas formas. Primeiro, diferiam porque _____

_____, enquanto _____.

Uma segunda diferença era que _____

_____. Uma terceira diferença era _____

_____. Por fim, outra diferença era _____

_____.

Estrutura de causa-efeito

Por causa de _____

_____, _____ aconteceu. Portanto, _____. Isso explica por que _____.

Estrutura de Problema-Solução

O problema era que _____

___. Esse problema aconteceu porque _____

_____. O problema foi enfim resolvido quando _____

_____.

Baseado em Ambruster, Anderson e Ostertag (1989). Extraído de *35 estratégias para desenvolver a leitura com textos informativos*, de Barbara Moss e Virginia S. Loh. © 2012, Penso Editora Ltda. Permissão para fazer fotocópia garantida aos compradores deste livro somente para uso pessoal.

Estratégia 34
Eu achava... Mas agora eu sei...

3ª série do ensino fundamental – 3º ano do ensino médio

Começando
Ganhando prática
Vocabulário
Compreensão
Escrita

O QUE É ISSO?

Eu achava... Mas agora eu sei... (Koch, 1990) é uma estrutura frasal poética que pode ser usada para ensinar qualquer área do conteúdo. Essa estratégia fornece uma clara estrutura que os estudantes podem usar para declarar suas ideias prévias sobre um assunto. Por meio da leitura de textos informativos, os alunos desenvolvem habilidades para questionar essas ideias e se referir ao texto para confirmá-las ou substituí-las pelos fatos.

Essa estratégia também é uma forma de combinar poesia e textos informativos. Costuma-se pensar nesses dois gêneros como opostos, visto que a poesia tipicamente suscita respostas estéticas ou sentimentais, ao passo que textos informativos requerem respostas mais eferentes ou factuais (Rosenblatt, 2004). Ao completar uma série de estruturas de Eu achava... Mas agora eu sei..., os alunos podem criar um poema sobre o texto informativo.

QUAL O SEU PROPÓSITO?

Os propósitos dos modelos de frase Eu achava... Mas agora eu sei... são fazer os alunos apreciarem mais a poesia, avaliar seu conhecimento prévio e medir o que eles aprenderam de um texto em particular ou de uma unidade de estudo. Além disso, essa estratégia dá aos alunos a oportunidade de pensar sobre seus conceitos, visto que a ideia é refutar ou mudar seu pensamento atual.

O QUE EU FAÇO?

Essa estratégia é mais bem usada antes e depois de se ler um texto informativo, ou no começo e no fim de uma unidade de estudo junto da estratégia KWHL (Estratégia 6).

1. Mostre a estratégia a seus alunos. Por exemplo, ao apresentar uma unidade sobre a Revolução Americana de 1776, você poderia pensar o seguinte em voz alta (adaptado de Koch, 1990):

EU ACHAVA	*que havia quinze colônias,*
MAS AGORA EU SEI	*que eram treze as colônias originais.*
EU ACHAVA	*que os americanos e os britânicos eram os únicos países lutando na guerra,*
MAS AGORA EU SEI	*que os franceses eram nossos aliados e ajudaram os colonos a vencer.*

2. Comece uma discussão em aula acerca do tópico de estudo. Faça os alunos compartilharem o que acham que sabem sobre o assunto.

3. Faça seus alunos escreverem algumas de suas ideias seguindo o modelo frasal "Eu achava...". Faça-os escrever de seis a nove dessas, já que alguns modelos não poderão ser usados por serem verdade. Por exemplo, um aluno poderia escrever: "Eu achava *que George Washington era um general na Guerra de Independência dos EUA...*". Essa frase seria verdadeira, então não haveria necessidade de se terminar o modelo. Esse aluno eliminaria esse verso de seu poema.

4. Escolha um texto informativo sobre o tópico sendo estudado. O tópico deve ser um assunto sobre o qual seus alunos tenham pouco conhecimento prévio.

5. Leia o texto em voz alta. Estabeleça um propósito para lê-lo mandando os alunos prestarem atenção para ver se seus "fatos" estão corretos ou se precisam ser mudados.

6. Para turmas mais jovens, talvez você queira ajudá-los e listar alguns fatos aprendidos com a história em uma folha. Os alunos podem se referir a essa coletânea de fatos aprendidos para confirmar suas ideias prévias ou refutar suas concepções erradas.

7. Faça seus alunos completarem o padrão frasal "Mas agora eu sei..." com o fato apropriado.

8. Faça os alunos compartilharem seus poemas com um parceiro.

9. Opcional: Para as frases que estavam certas, em vez de eliminá-las, os estudantes poderiam mudar seus modelos para "Eu achava... E agora eu sei que estava certo!". Essa pode ser uma boa oportunidade para ensinar explicitamente o uso das conjunções *e* e *mas*.

EXEMPLO

A Srta. Marilyn Ware é professora de ciências da 1º ano do ensino médio. Como parte de plano de aulas, ela deu uma unidade sobre a química dos seres vivos. Antes de começar a unidade, ela fez uma KWHL (Estratégia 6) com os alunos. Após completar as seções KWHL com a turma, ela a organizou em duplas, misturando alunos com níveis de conhecimentos distintos.

A Srta. Ware usou a câmera de documentos e leu um livro informativo em voz alta. Ela leu o primeiro capítulo sobre "Células" do livro *Biology: life as we know it*, de Dan Green (2008). Conforme lia, ela fez as duplas completarem suas estruturas frasais: "Mas agora nós sabemos...". Por exemplo, uma dupla criou a frase: "Nós achávamos *que as mitocôndrias eram algo que as plantas produziam*, mas agora nós sabemos *que as mitocôndrias são como fábricas trabalhando dentro de células para queimar comida e produzir ATP, ou energia*".

A Srta. Ware deu a cada dupla uma folha grande de papel pôster e os fez registrar suas frases com as ilustrações apropriadas. No dia seguinte, ela pendurou os pôsteres ao redor da sala e, para revisar, fez os seus alunos caminharem pela sala e lerem cada um deles.

REFERÊNCIAS[*]

Green, D. (2008). *Biology: life as we know it*. New York: Kingfisher. (YA).

Koch, K. (1990). *Rose, where did you get that red?: teaching great poetry to children*. New York: Vintage.

Rosenblatt, L. (2004). The transactional theory of reading and writing. Em R. B. Ruddell & N. J. Unrau (Eds.), *Theoretical models and processes of reading* (5th ed., pp. 1363-1398). Newark, DE: International Reading Association.

É COM VOCÊ!

Escolha um livro informativo que discuta o tópico de estudo do apêndice do final deste livro ou um de sua preferência. Essa estratégia funciona melhor quando seus alunos têm um conhecimento limitado sobre o assunto. Distribua a seguinte planilha e preencha um exemplo.

---

[*] N. de R.T.: Em português: Dell'Isola, R.L. *Retextualização de gêneros escritos*. Rio de Janeiro: Lucerna, 2007.

Modelos frasais de "Eu achava... Mas agora eu sei..."

Diretrizes: Complete cada modelo dizendo o que você achava e o que você pensa agora.

Tópico: _____

Eu achava _____

mas agora eu sei _____.

Eu achava _____

mas agora eu sei _____.

Eu achava _____

mas agora eu sei _____.

Eu achava _____

mas agora eu sei _____.

Eu achava mas agora eu sei _____.

Extraído de *35 estratégias para desenvolver a leitura com textos informativos*, de Barbara Moss e Virginia S. Loh. © 2012, Penso Editora Ltda. Permissão para fazer fotocópia garantida aos compradores deste livro somente para uso pessoal.

ESTRATÉGIA 35
Escrita de resumo

4ª série do ensino fundamental – 3º ano do ensino médio

Começando
Ganhando prática
Vocabulário
Compreensão
Escrita

O QUE É ISSO?

Uma Escrita de Resumo (adaptado de Klinger e Vaughn, 1998) envolve resumir a informação a seus componentes mais essenciais. Um bom resumo usa o menor número possível de palavras para fornecer um breve panorama do conteúdo de um texto ou de uma seção do texto. Resumos eficientes incluem apenas as ideias principais; não incluem detalhes extrínsecos. Escrever Resumos é uma habilidade essencial para se ter sucesso na escola e no mercado de trabalho. Pode ser usada em qualquer série, desde a 4ª do ensino fundamental até o final do ensino médio. Escrever resumos de textos informativos exige habilidades diferentes de se resumir uma narrativa, já que envolve a habilidade de usar termos vocabulares apropriados e conceitos-chave em vez de eventos da história.

QUAL O SEU PROPÓSITO?

O propósito da Escrita de Resumo é fornecer um breve panorama de um corpo de texto maior. A habilidade de resumir na escrita requer que os estudantes analisem e sintetizem informações e que vejam além dos detalhes e enxerguem as grandes ideias no texto. Alunos que têm a capacidade de resumir textos demonstram profunda compreensão das ideias mais importantes ali contidas.

O QUE EU FAÇO?

1. Apresente um texto informativo a seus alunos. Escolha um texto com o qual eles já estejam familiarizados.
2. Explique a seus alunos que costuma ser mais fácil conhecer as principais ideias de um texto do que ter de lembrar todos os detalhes. Quando escreve um resumo, você tem um registro das ideias mais importantes do texto.
3. Mostre a seus alunos um exemplo de resumo de um texto que eles já tenham lido. Mostre que o resumo é curto, contém apenas as principais ideias do texto e condensa essas ideias em algumas poucas palavras.
4. Explique que a ideia principal consiste de duas ideias componentes: quem ou o quê, e a informação mais importante sobre quem e o quê. Para criar um resumo, os alunos devem combinar esses componentes em uma frase de 20 palavras ou menos.
5. Leia em voz alta o primeiro parágrafo do texto. Pense em voz alta enquanto você identifica o quem ou o que e a informação mais importante sobre o quem ou o quê. Registre essa informação no quadro. A seguir, mostre a seus alunos como combinar essa informação em uma frase de 20 palavras ou menos. Registre essa afirmação no quadro.
6. Continue com esse procedimento pelo restante do texto. Então, mostre como combinar cada frase em um resumo de 20 palavras ou menos.
7. Então, faça seus alunos trabalharem em duplas para lerem um texto curto. Faça-os parar em momentos específicos para completar a tabela a seguir enquanto pensam acerca da informação necessária e a condensam em um número limitado de palavras. A seguir, dê-lhes tempo para criar uma afirmação de 20 palavras para o resumo final do livro.

EXEMPLO

Os alunos de 4ª série da professora Molly Bernstein estavam estudando uma unidade sobre mamíferos. Para ensinar sobre os ciclos de vida dos animais e como resumir a informação, ela decidiu usar o livro da National Geographic, *Giant Pandas* (Reeder, 2005). Molly começou a lição revisando com seus alunos o que eles sabiam sobre mamíferos. A seguir, ela perguntou o que eles sabiam sobre pandas e por que eles são mamíferos.

Molly começou a lição sobre fazer resumos mostrando a seus alunos a seção do livro sobre o ciclo de vida do panda. Ela mostrou o livro na câmera de documentos e leu em voz alta a primeira seção do texto, intitulada "Nascimento". Ela pensou em voz alta enquanto compreendia sobre o que tratava aquela seção e o que era importante sobre o nascimento dos pandas. Ela anotou isso na Tabela de Escrita de Resumo (ver adiante). Nesse momento, ela criou um resumo de 20 palavras da informação e anotou-o na tabela. A seguir, fez seus alunos completarem as duas últimas seções, "Crescimento" e "Reprodução", em duplas, seguindo o mesmo formato (veja o exemplo a seguir). Eles resumiram essas duas seções na parte de baixo da tabela.

Exemplo de tabela de escrita de resumo

Título do livro _Pandas_	Autor _Tracey Reeder_
Qual era o título da seção? *Crescimento*	Qual era o título da seção? *Reprodução*
Sobre o que ou quem a seção tratava? *Como os pandas crescem e o que eles fazem*	Sobre o que ou quem a seção tratava? *Como os pandas têm bebês*
Quais as informações importantes sobre quem ou que se tratava? *– Os filhotes podem ver com 6-8 semanas de idade* *– Caminha com 12 semanas* *– Com 8-9 meses para de beber leite e come bambu* *– Vive por conta própria com 18 meses* *– Adulto com 4-6 anos*	Quais as informações importantes sobre quem ou que se tratava? *– O óvulo feminino e o esperma masculino se unem* *– O óvulo é fertilizado* *– Um novo bebê cresce na barriga da mãe* *– Após 160 dias, nasce o bebê*
Escreva uma frase sobre a ideia principal em 20 palavras ou menos. *Pandas enxergam com 6 semanas, caminham com 12 semanas, comem bambu com 8 meses e viram adultos com 4 anos.*	Escreva uma frase sobre a ideia principal em 20 palavras ou menos. *Pandas se reproduzem quando óvulo e esperam se juntam. Bebês crescem no corpo da mãe e nascem após 160 dias.*
Agora combine suas frases sobre a ideia principal e crie um resumo de 20 palavras ou menos do texto inteiro. *Bebês panda crescem e viram adultos com 4 anos. Então eles se reproduzem e os bebês nascem após 160 dias.*	

REFERÊNCIAS*

Klinger, J. K., & Vaughn, S. (1998). Using collaborative strategic Reading. *Teaching Exceptional Children*, 30(6), 32-37.
Reeder, T. (2005). *Giant Pandas*. Washington, DC: National Geographic. (I).

É COM VOCÊ!

Forneça a seus alunos um texto informativo. Escolha um texto do apêndice do final deste livro ou um de sua preferência. Após mostrar como fazer a Escrita de Resumo, faça os alunos usarem o modelo na próxima página para resumir seções-chave e, então, combinar esses resumos para a seção mais abaixo.

Tabela de Escrita de Resumo

Título do livro	Autor
Qual era o título da seção?	Qual era o título da seção?
Sobre o que ou quem a seção tratava?	Sobre o que ou quem a seção tratava?
Quais as informações importantes sobre quem ou que se tratava? • • • • •	Quais as informações importantes sobre quem ou que se tratava? • • • • •
Escreva uma frase sobre a ideia principal em 20 palavras ou menos.	Escreva uma frase sobre a ideia principal em 20 palavras ou menos.
Agora combine suas frases sobre a ideia principal e crie um resumo de 20 palavras ou menos do texto inteiro.	

Extraído de *35 estratégias para desenvolver a leitura com textos informativos*, de Barbara Moss e Virginia S. Loh. © 2012, Penso Editora Ltda. Permissão para fazer fotocópia garantida aos compradores deste livro somente para uso pessoal.

APÊNDICE
Materiais Recomendados

Livros informativos de qualidade

(P), livros primários, da 2ª à 4ª séries; (I), livros intermediários, da 5ª à 7ª séries; (M), livros de nível médio, da 8ª à 9ª séries; (JA), para jovens adultos, para o ensino médio.

Livros primários (2ª-4ª séries)

Aliki. (1996). *My visit to the aquarium*. New York: HarperCollins.
Aliki. (1999). *Communication*. New York: Greenwillow Books.
Ancona, G. (1994). *The pinata maker = El piñatero*. New York: Harcourt Brace.
Arnold, C. (1999). *South American animals*. New York: Morrow.
Arnosky, J. (2008). *All about alligators*. New York: Scholastic.
Aston, D. H. (2006). *An egg is quiet*. New York: Chronicle Books.
Aston, D. H. (2007). *A seed is sleepy*. New York: Chronicle Books.
Auch, A. (2002). *Tame and wild*. Minneapolis, MN: Compass Point Books.
Baer, E. (1992). *This is the way we go to school: A book about children around the world* S. Bjorkman, Illus.). New York: Scholastic.
Bare, C. S. (1994). *Never kiss an alligator!* New York: Dutton.
Berger, M. (1995). *Germs make me sick!* (M. Hafner, Illus.). New York: HarperCollins.
Bishop, N. (2007). Nic *Bishop spiders*. New York: Scholastic.
Brown, C. L. (2007). *Beyond the dinosaurs: Monsters of the air and sea*. New York: HarperCollins.
Brown, D. (2004). *Odd boy out*. New York: Houghton Mifflin.
Burleigh, R. (2003). *Amélia Earhart: Free in the skies (American heroes)*. New York: Sandpiper.
Burns, M. (2008). *The greedy triangle*. New York: Scholastic.
Cowley, J. (1999). *Red-eyed tree frog* (N. Bishop, Photo.). New York: Scholastic.
D'Aulaire, I., & C D'Aulaire, E. (2008). *Abraham Lincoln*. New York: Beautiful Feet. Davies, N. (2008). *Surprising sharks*. New York: Candlewick.
Dorros, A. (1987). *Ant cities*. New York: Crowell.
Dorros, A. (1997). *A tree is growing*. New York: Scholastic Press.
Drew, D. (1990). *The big book of animal records*. Crystal Lake, IL: Rigby.
Earle, A. (2009). *Zipping, zapping, zooming bats*. New York: Collins.
Ehlert, L. (1991). *Growing vegetable soup*. San Diego, CA: Harcourt Brace Jovanovich.
Ekoomiak, N. (1992). *Arctic memories*. New York: Holt.
Floca, B. (2009). *Moonshot: The flight of Apollo 11*. New York: Atheneum.

Garland, S. (2004). *Voices o f the Alamo.* New York: Pelican.
Gibbons, G. (1997). *Nature's green umbrella: Tropical rain forests.* New York: Morrow Júnior Books.
Gibbons, G. (2000). *Bats.* New York: Holiday House.
Golenbock, P. (1992). *Teammates.* San Diego, CA: Harcourt Brace Jovanovich.
Hatkoff, I., Hatkoff, C. & Kuhumbu, P. (2006). *Owen & Mzee: The true story of a remarkable friendship.* New York: Scholastic.
Jenkins, S. (1998). *Hottest, coldest, highest, deepest.* Boston: Houghton Mifflin.
Knowlton, J. (1997). *Geography from a to z: A picture glossary.* New York: HarperCollins.
Krull, K. (2008). *Hilary Rodham Clinton: Dreams taking flight.* New York: Simon & Schuster.
Markle, S. (2004). *Great white sharks.* New York: Caroirhoda.
Martin, B., & Sampson, M. (2003). *I pledge allegiance.* Boston: Candiewick Press.
Martin, J. (2009). *Snowflake Bentley.* Boston: Houghton Mifflin.
Posada, M. (2002). *Ladybugs: Red, fiery and bright.* New York: Caroirhoda.
Rappaport, D. (2001). *Martin's big words: The life ofDr. Martin Luther King, Jr.* New York: Hyperion.
Rappaport, D. (2007). *Abe's honest words: The life of Abraham Lincoln.* New York: Hyperion.
Saunders-Smith, G. (1998). *Koalas.* Mankato, MN: Capstone.
Saunders-Smith, G. (2000). *Butterflies.* Mankato, MN: Capstone.
Selsam, M. (1992). *How kittens grow.* New York: Scholastic.
Smith, R. (1999). *Sea otter rescue: The aftermath of an oil spill.* New York: Puffin.
Stewart, J., & Salem, L. (2003). *Toad or frog?* New York: Continental Press.
Waters, K. (2008). *Sarah Morton's day: A day in the life of a pilgrim girl.* New York: Scholastic.

Livros intermediários (5ª-7ª séries)

Ancona, G. (1992). *Man and mustang.* New York: Simon & Schuster.
Arnold, C. (1993). *On the brink of extinction: The Califórnia condor.* New York: Harcourt Brace Jovanovich. (also M).
Ball, J. (2005). *Go figure! A totally cool book about numbers.* New York: DK Children.
Berger, M. (1996). *A whale is not a fish and other animal mix-ups.* New York: Scholastic.
Burleigh, R. (1997). *Flight: The journey of Charles Lindbergh.* Logan, IA: Perfection Learning.
Charles, O. (1990). *How is a crayon made?* New York: Aladdin.
Cherry, L. (2002). *A river ran wild: An environmental history.* Queensland, Austrália: Sandpiper.
Clements, G. (2009). *The picture history of great explorers.* New York: Francês Lincoln.
Deem, J. (2006). *Bodies from the ash: Life and death in ancient Pompeii.* New York: Houghton Mifflin.
Fowler, A. (1997). *Gator or croc?* Danbury, CT: Children's Press.
Freedman, R. (1995). *Immigrant kids.* New York: Puffin.
Fritz, J. (1996). *Why don't you get a horse, Sam Adams?* New York: Putnam Juvenile.

George, J. C. (2000). *How to talk to your dog.* New York: HarperCollins.
Gibbons, G. (1990). *Sunken treasure.* New York: HarperCollins.
Greenberg, J. (2008). *Christo and Jeanne-Claude: Through tke gates and beyond.* New York: Roaring Brook Press.
Hollander, P., & Hollander, Z. (1996). *Amazing but true sports stories.* New York: Scholastic.
Hoyt-Goldsmith, D. (1995). *Day o f the dead: A Mexican-American celebration.* New York: Holiday.
Hoyt-Goldsmith, D. (2001). *Celebrating Ramadan.* NewlYork: Holiday House.
Iggulden, C., & Iggulden, H. (2007). *The dangerous book, for boys.* New York: Collins.
Jeffrey, L. S. (2004). *Dogs: How to choose and care for a dog.* New York: Enslow.
Jenkins, S., & Page, R. (2003). *What do you do with a tail like this?* Boston: Houghton Mifflin.
Kalman, B. (2004). *The life cycle of an earthworm.* New York: Cratetfee.
Keenan, S. (2007). *Animals in the house: A history of pets and people.* New York: Scholastic.
Knight, M. B. (1995). *Talking watts.* Gardiner, ME: Tilbury House.
Krull, K. (2009). *Giants of science: Marie Curie.* New York: Puffin.
Levine, E. (1993). *If you traveled on the underground railroad.* New York: Scholastic.
Lindbergh, R. (1996). *A view from the air: Charles Lindbergh's earth and sky.* New York: Puffin.
Liewellyn, C. (2005). *Crafts and games around the world.* New York: Pearson.
Markle, S. (1991). *Outside and inside you.* New York: Bradbury Press.
Micucci, C. (1997). *The life and times of the honeybee.* New York: Houghton Mifflin.
National Geographic Society. (1997). *Restiess earth.* Washington, DC: National Geographic.
Parsons, A. (1993). *Eyewitness juniors amazing snakes.* New York: Dorling Kindersley. (also P).
Patent, D. H. (2003). *Slinky, scaly, slithery snakes* New York: Walker.
Reeder, T. (2005). *Poison dart frogs.* Washington, DC: National Geographic.
Reeder, T. (2005). *Giant pandas.* Washington, DC: National Geographic.
Reeve, N. (1993). *Into the mummy's tomb.* New York: Scholastic/Madison Press. (also M).
Ride, S., & Okie, S. (1995). *To space and back.* New York: Lothrop, Lee & Shepard.
Rife, D. (2009). *Letters for freedom: The American Revolution.* New York: Kids Innovative.
Ryan, P. M. (2002). *When Marian sang: The true recital of Marian Anderson.* New York: Scholastic.
Schanzer, R. (2007). *George vs. George: The American revolution as seen from both sides.* Washington, DC: National Geographic.
Schlitz, L. A. (2007). *Good masters! Sweet ladies! Voices from a medieval viliage.* New York: Candlewick.
Scott, E. (2007). *When is a planet not a planet?: The story of Pinto.* New York: Clarion.
Sill, C. P. (2003). *About reptiles: A guide for children.* New York: Peachtree.
Simon, S. (1993). *New questions and answers about dinosaws.* New York: HarperCollins.
Sinclair, J. (2005). *Iopeners: All about the body.* New York:Pearson.
Tanaka, S. (2010). *The buried city of Pompeii.* New York: Black Walnut/Madison Press. (also M).

Tanaka, S. (2010). *Graveyard of the dinosaurs*. New York: Black Walnut/Madison Press. (also M).
Tanaka, S. (2010). *On board the Titanic: What it was like when the great liner sank*. New York: Black Walnut/Madison Press.
Twist, C. (2007). *The book of stars*. New York: Scholastic.
Walsh, K. (n.d.). *Time for Kids: Our world*. New York: Time for Kids.
Winters, K. (2008). *Colonial voices: Hear them speak*. New York: Dutton.

Livros de nível médio (8ª-9ª séries)

Atkin, S. B. (2000). *Voices from the fields: Children of migrant workers tell their stories*. New York: Littie Brown. (also YA).
Bartoletti, S. C. (1999). *Growing up in coal country*. New York: Houghton Mifflin.
Bash, B. (2002). *Desert giant: The world of the saguaro cactus*. San Francisco: Sierra Club Books for Children.
Beil, K. M. (1999). *Fire in their eyes: Wild fires and the people who fight them*. San Diego, CA: Harcourt Brace.
Blumberg, R. (1989). *The great American gold rush*. New York: Atheneum.
Cone, M. (1995). *Come back, salmon: How a group of dedicated kids adopted Pigeon Creek and brought it back to life*. San Francisco: Sierra Club Books for Children.
Deem, J. M. (2005). *Bodies from the ash*. New York: Houghton Mifflin.
Freedman, R. (1989). *Lincoln: A photobiography*. New York: Clarion Books.
Freedman, R. (2002). *Confucius: The golden rule*. New York: Arthur Levine Books.
Freedman, R. (2002). *Give me liberty!: The story of the Declaration of Independence*. New York: Holiday House. (also YA).
Freedman, R. (1998). *Kids at work: Lewis Hine and the crusade against child labor*. New York: Clarion Books.
Getz, D. (1996). *Frozen man*. New York: Holt.
Hopkinson, D. (2004). *Shutting out the sky: Life in the tenements of New York, 1880-1924*. New York: Orchard Books.
Jiang, J. L. (2008). *Red scarf girl: A memoir of the cultural revolution*. New York: HarperCollins.
Krull, K. (1995). *Lives of the artists: Masterpieces, messes (and what the neighbors thought)*. San Diego, CA: Harcourt Brace. (also YA).
Krull, K. (1997). *Lives of the athletes: Thrilis, spilis (and what the neighbors thought)*. San Diego, CA: Harcourt Brace. (also YA).
Krull, K. (2000). *Lives of extraordinary women: Rulers, rebels (and what the neighbors thought)*. San Diego, CA: Harcourt Brace. (also YA).
Krull, K. (2002). *Lives of the musicians: Good times, bad times (and what the neighbors thought)*. San Diego, CA: Sandpiper. (also YA).
Lauber, P. (1992). *Tales mummies tell*. New York: Scholastic.
Lauber, P. (1996). *Flood: Wrestling with the Mississippi*. Washington, DC: National GeograpKic.
Lauber, P. (2001). *Hurricanes: Earth's mightiest storms*. New York: Houghton Mifflin Press; (also I).

Levine, E. (1995). A *fence away from freedom*. New York: Putnam Juvenile.
Macaulay, D. (2008). *The way we work*. Boston: Houghton Mifflin.
Mannis, C. D. (2003). *The queen's progress: An Elizabethan alphabet*. New York: Viking.
McKissack, P., & McKissack, F. L. (1999). *Christmas in the big house, Christmas in the quarters*. New York: Scholastic.
Montgomery, S. (2004). *The man-eating tigers of Sundarbans*. Boston: Houghton Mifflin.
Nelson, K. (2008). *We are the ship: The story of Negro league baseball*. New York: Hyperion.
Pringle, L. (2001). *Global warming*. New York: Seastar.
Reeves, N. (1993). *Into the mummy's tomb*. New York: Scholastic/Madison Press.
Ride, S., & O'Shaughnessy, T. (2009). *Mission: Planet earth: Our world and its climate-and how humans are changing them*. New York: FlashPoint. (also YA).
Rol, R., & Verhoeven, R. (1995). *Anne Frank, beyond the diary: A photographic remembrance*. New York: Viking.
Sattler, H. R. (1995). *Our patchwork planet: The story of plate tectonics*. New York: Lothrop, Lee &: Shepard.
Schlitz, L. (2008). *Good masters! Sweet ladies!* New York: Candlewick.
Scott, E. (1998). *Close encounters: Exploring the universe with the Hubble space telescope*. New York: Hyperion Books for Children. (also YA).
Scott, E. (2007). *When is a planet not a planet? The story of Pinto*. New York: Clarion.
Stanley, J. (1993). *Children of the dust bowl: The true story of the school at Weedpatch Camp*. New York: Crown Books for Young Readers.
Stanley, J. (1998). *I am an American: A true story of the Japanese internment*. New York: Scholastic.
Tanaka, S. (2005). *Mummies: The newest, coolest & creepiest from around the world*. New York: Abrams Books.
Thimmesh, C. (2002). *Girls think of everything: Stories of ingenious inventions by women*. Boston: Houghton Mifflin.
Thimmesh, C. (2006). *Team moon: How 400,000 people landed Apollo 11 on the moon*. New York: Houghton Mifflin.
Van der Rol, R., & Verhoeven, R. (1993). *Anne Frank: Beyond the diary: A photographic remembrance*. New York: Viking.

Livros para Jovens Adultos (Ensino Médio)

Aliki. (2000). *William Shakespeare and The Globe*. New York: HarperCollins. (also M).
Aronson, M. (2000). *Sir Walter Ralegh and the quest for El Dorado*. New York: Clarioh Books.
Bartoletti, S. C. (2001). *Black potatoes: The story of the great Irish famine, 1845-1850*. Boston: Houghton Mifflin.
Beah, I. (2007). *A long way gone: Memoirs of a boy soldier*. New York: Farrar, Straus & Giroux.
Blumenthal, K. (2005). *Let me play!: The story of Title IX: The law that changed the future of girls in America*. New York: Atheneum.

Bodanis, D. (2001). $E = mc^2$: A biography of the world's most famous equation. New York: Berkley Trade.
D'Aluisio, F. (2008). What the world eats. New York: Tricycle Press.
Dash, J. (2000). The longitude prize. New York: Francês Foster Books. (also M).
Farrell, J. (1998). Invisible enemies: Stories of infectious disease. New York: Farrar, Straus & Giroux.
Farrell, J. (2005). Invisible allies: Microbes that shape our lives. New York: Farrar, Straus and Giroux.
Fleischman, J. (2004). Phineas Gage: A gruesome but true story about brain science. New York: Houghton Mifflin.
Frank, M. (2005). Understanding the Holy Land: Answering questions about the Israeli-Palestinean conflict. New York: Viking.
Green, D. (2008). Biology: Life as we know it. New York: Kingfisher.
Hoose, P. (2001). We were there too! New York: Farrar, Straus & Giroux.
Jenkins, S. (2002). Life on earth: The story of evolution. New York: Houghton Mifflin.
Johnson, G. (2009). Animal tracks and signs. Washington, DC: National Geographic.
King, C., & Osborne, L. B. (1997). Oh freedom!: Kids talk about the Civil Rights movement with the people who made it happen. New York: Knopf.
Lobel, A. (2008). No pretty pictures: A chila of war. New York: HarperCollins.
McPherson, J. (2002). Fields of fury: The American Civil War. New York: Atheneum.
McWhorter, D. (2005). A dream of freedom: The Civil Rights movement from 1954-1958. New York: Scholastic.
Myers, W. D. (2001). The greatest Muhammed Ali. New York: Scholastic.
Partridge, E. (2002). This land was made for you and me: The life and songs of Woody Guthrie. New York: Viking.
Partridge, E. (2005). John Lennon: All I want is the truth. New York: Viking.
Sherrow, V. (1996). Violence and the media: The question of cause and effect. New York: Milibrook Press.
Siegel, S. C. (2006). To dance: A ballerina's graphic novel. New York: Atheneum/Richard Jackson.
Stone, T. L. (2009). Almost astronauts: 13 women who dared to dream. New York: Candiewick.
Thomson, S., Mortenson, G., & Relin, D. O. (2009). Three cups of tea: One man's journey to change the world ... One child at a time. New York: Puffin.
Warren, A. (2001). Surviving Hitler: A boy in the Nazi death camps. New York: HarperCollins.
Welden, A. (2001). Girls who rocked the world: Heroines from Sacajawea to Sheryl Swoopes. Hillisboro, OR: Beyond Words. (also M).

Revistas informativas de Qualidade

Ask	Ranger Rick
Cobblestone	Sports Illustrated Kids
Kids Discover	Time for Kids
Know	Yes Mag
National Geographic Kids	Zoobooks
Odyssey	Faces

Sites informativos de qualidade

All About Explorers
www.allaboutexplorers.com/explorers

California Department of Education Recommended Literature for Mathematics and Science
www.cde.ca.gov/ci/sc/ll

California Department of Education Recommended Readings in Literature K-12
www. cde. ca .gov/ci/sc/ll/index/ap/litsearch. asp

Discovery Channel School
school.discoveryeducation.com

Library of Congress Teacher Resources
www. loc.gov/teachers

National Council for the Social Studies Notable Trade Books for Young People
www.ncss.org/resources/notable

Nacional Science Teachers Association Outstanding Science Trade Books for Students K-12
www.nsta.org/bs04

PBS Kids
pbskids.org

Vicki Cobb's Science Page
www.vickicobb.com

Virtual Manipulatives
nlvm.usu.edu/en/nav/vlibrary.html

Índice

Acurácia do texto, 32
Adequação do texto, 16
Apelo infantil, 16
Aprendizes da língua
   Estratégia Imagine, Elabore, Prediga e Confirme (IEPC), 56-60
   Estratégia Recontar por Escrito e, 159
Área de conteúdo, 39-42
   Estratégia Guias de Antecipação e, 39-42
   Estratégia Mapas Vocabulares, 63
Área de conteúdo da saúde, 39-42
Área de conteúdo de estudos sociais, 39-42
Área de conteúdo de matemática, 39-42
Arranjos aberto, 72. *Ver também* estratégia Arranjo de Palavras
Arte, literariedade, 16
Atividades anteriores à leitura, 26-27
Atividades durante a leitura, 26-27
Atividades posteriores à leitura, 26-27
Atividades prévias de leitura. *Ver também* Previsões
Autoridade do autor, 16
Auxiliar os alunos
   Estratégia Estrutura de Criação de Parágrafos e, 175-179

Busca de Características de Textos Informativos, 33, 35

Características textuais
Cartão de Comentário com Quatro Quadros, 106-113
   formulários para, 111, 113
Compreensão
   Estratégia Cartão de Comentário com Quatro Quadros, 106-113

Estratégia Diagramas de Venn, 137-140
Estratégia Guia de Discussão 4-3-2-1, 101-105
Estratégia Guia de Estudo, 123-126
Estratégia Intervalo de Três Minutos, 91-96
Estratégia Mapa de Causa-Efeito, 141-145
Estratégia Mapas Semânticos, 127-131
Estratégia Marca Textos de *Post-it*, 97-100
Estratégia Redes de Discussão, 114-118
Estratégia Resumo de Problema-Solução, 146-149
Estratégia Tabela de Informações, 119-122
Estratégia Tabela de Séries de Eventos, 132-136
Conhecimento prévio. *Ver também* Ganhando prática

Diagramas, 31-32

Escolher textos informativos
   Estratégia Escolher Textos Informativos e, 15-19
   Levantamento de Interesse nos Textos Informativos e, 20-23
Escrita
   Estratégia Escrita de Resumo, 184-188
   Estratégia Estrutura de Criação de Parágrafos, 175-179
   Estratégia Eu Achava... mas Agora Eu Sei..., 180-184
   Estratégia Eu Lembro, 153-157
   Estratégia Jornal de Duas Colunas, 167-170
   Estratégia Recontar por Escrito, 158-162
      Formulários para, 161, 162
   Estratégia Registro de Aprendizagem, 171-174
   Estratégia Teatro dos Leitores, 163-166

Estratégia Análise de Características Semânticas, 81-84
  formulários para, 83, 84
Estratégia Arranjo de Palavras, 72-76
  formulários para, 76
Estratégia Busca de Características Textuais, 30-35
Estratégia Círculos Conceituais, 77-80
  formulários para, 78, 80
Estratégia Guia de Discussão 4-3-2-1 e, 101-105
  Estratégia Cartão de Comentário com Quatro Quadros e, 106-113
  Estratégia Recontar por Escrito, 159
Estratégia Diagramas de Venn, 26-27, 137-140
  formulários para, 139, 140
Estratégia Escolher Textos Informativos, 15-19
Estratégia Escrita de Resumo, 184, 187-188
Estratégia Estrutura de Criação de Parágrafos e, 175-179
  formulários para, 178-179
Estratégia Eu Achava... mas Agora Eu Sei..., 180-184
  formulários para, 183
Estratégia Eu Lembro, 153-157
  formulários para, 154, 155, 157
Estratégia Eu vejo... Eu me pergunto... Eu sei, 47-51
  formulários para, 49, 51
Estratégia Frases Possíveis, 85-88
  formulários para, 88
Estratégia Guia de Discussão 4-3-2-1 e, 101-105
  Estratégia Cartão de Comentário com Quatro Quadros e, 106-113
  Estratégia Recontar por Escrito e, 159
  formulários para, 102, 105
Estratégia Guia de Estudo, 123-126
  formulários para, 125-126
Estratégia Guias de Antecipação e, 39-42
  Estratégia Cartão de Comentário com Quatro Quadros e, 106-113
  estratégia ler textos informativos em voz alta e, 26-28
  estratégia Marca páginas de Post-it e, 98
  formulários para, 41, 42
Estratégia IEPC, 56-60
  formulários para, 60
Estratégia Imagine, Elabore, Prediga e Confirme (IEPC), 56-60
Estratégia Intervalo de Três Minutos, 91-96
  formulários para, 94, 96
Estratégia Jornal de Duas Colunas, 26-27, 167-170
  formulários para, 168, 170

Estratégia KWHL, 43-46
Estratégia Eu Achava... mas Agora Eu Sei... e, 182
Estratégia Marca páginas de Post-it e, 98
  formulários para
Estratégia Leitura Compartilhada, 30-35
Estratégia Leitura Compartilhada com Textos Informativos, 30-35, 159
Estratégia Ler textos informativos em voz alta e, 26-29
Estratégia Marca páginas de Post-it e, 98
Estratégia Recontar por Escrito e, 159
Estratégia Liste-Agrupe-Nomeie, 67-72
  formulários para, 69-71
Estratégia Liste-Agrupe-Nomeie, 67-72
Estratégia Mapa Semântico e, 127-131
Estratégia Mapas de Causa-Efeito, 141-145
  formulários para, 143, 145
Estratégia Mapas Semânticos, 26-27, 127-131
  formulários para, 130, 131
Estratégia Mapas Vocabulares, 63-66
  formulários para, 65, 66
Estratégia Mapas Vocabulares, 63-66
Estratégia Marca Textos de Post-it, 97-100
  formulários para, 100
Estratégia Pense-Agrupe-Compartilhe
  Estratégia Intervalo de Três Minutos e, 91, 94
  Estratégia Mapa de Causa-Efeito e, 142
Estratégia Previsão de Conteúdo, 52-55
  Formulários para, 54, 55
Estratégia Recontar por Escrito, 158-162
Estratégia Redes de Discussão, 26-27, 114-118
  formulários para, 116, 118
Estratégia Registro de Aprendizagem, 171-174
  formulários para, 172-174
Estratégia Resumo de Problema-Solução, 146-149
Estratégia Tabela de Informações, 26-28, 119-122
  formulários para, 120, 122
Estratégia Diagramas de Venn e, 137-140
Estratégia Tabela de Séries de Eventos, 132-136
  formulários para, 134, 136
Estratégia Teatro dos Leitores, 26-27, 163-166
  formulários para, 166
Estratégias para Começar

Formulário de Arranjo de Palavras, 76
Formulário de Avaliação de Textos Informativos, 19
Formulário de Cartão de Comentário com Quatro Quadros, 111, 113
Formulário de Diagramas de Venn, 139, 140

Formulário de Escrita de Resumo, 187, 188
Formulário de Estrutura de Criação de Parágrafos, 178-179
Formulário de Eu Achava... mas Agora Eu Sei..., 183
Formulário de Frases Possíveis, 88
Formulário de Guia de Discussão 4-3-2-1, 102, 105
Formulário de Guia de Estudos, 125-126
Formulário de Jornal de Duas Colunas, 168, 170
Formulário de Liste-Agrupe-Nomeie, 69-771
Formulário de Mapa Semântico, 130, 131
Formulário de Mapa Vocabular, 65, 66
Formulário de Marca Páginas de *Post-it*, 100
Formulário de Previsão de Conteúdo, 54, 55
Formulário de Recontar por Escrito, 161, 162
Formulário de Rede de Discussão, 116, 118
Formulário de Registro de Aprendizagem, 172, 174
Formulário de Resumo de Problema-Solução, 147-149
Formulário de Teatro dos Leitores, 166
Formulário Tabela de Séries de Eventos, 134, 136
Formulários
  Formulário de Círculos Conceituais, 78, 80
  Formulário de Mapa de Causa-efeito, 143, 145
Guia de Antecipação
Formulários para, 147-149

Ganhando Prática
Glossários, 31
Gráficos, 31-32
Guia de Planejamento de Leitura em Voz Alta de Livro Informativo, 27-29
Guia de Planejamento do Intervalo de Três Minutos, 96
Guias de previsão, 39-42

Habilidade de Escuta, 153-157
Habilidade de linguagem oral, 153-157

Índices, 31
Informação visual em textos, 31-32
Instrumentos de Localização no texto, 31

Legendas de fotos e figuras, 25
Leitura ativa, 97-100
Leitura de pedaços em voz alta, 25
Leitura Independente
  Estratégia Eu Lembro e, 153-157

estratégia ler textos informativos em voz alta e, 24-25
Estratégia Marca páginas de *Post-it* e, 98
Leitura silenciosa, 24-25
Ler em voz alta
  Estratégia Eu Lembro e, 153-157
  estratégia ler textos informativos em voz alta, 24-29
  Estratégia Recontar por Escrito e, 159
  Ler textos informativos em voz alta e, 24-29.
  Ver também Leitura em voz alta
Levantamento de Interesse nos Textos Informativos, 20-23
Levantamentos de Interesse, 20-23
Ligando o texto com outros gêneros, 25
Linha de tempo, 31-32

Mapas, 31-32
Matriz de Análise de Características Semânticas, 83, 84
Memória, 153-157

Organização textual, 52-55
Organizadores gráficos
  Estratégia Mapa de Causa-Efeito e, 141-145
  Estratégia Redes de Discussão, 114-118

Padrão textual de causa-efeito
  Estratégia Mapa de Causa-Efeito e, 141-145
  panorama, 127
Padrão textual de comparação-contraste
  panorama, 127
  Estratégia Estrutura de Criação de Parágrafos e, 177
  Estratégia Diagramas de Venn e, 137-140
Padrão textual de descrição
  Estratégia Mapas Semânticos e, 127-131
  panorama, 127
Padrão textual de problema solução
  Estratégia Resumo de Problema-Solução e, 146-149
  panorama, 127
Padrão textual de sequenciamento
  panorama, 127
Padrões textuais
  panorama, 127
Percepção Metacognitiva, 30-31
Planilhas. *Ver* Formulários
Poesia, 180-184
Pontos de vista, 114-118

Previsões
   Estratégia Imagine, Elabore, Prediga e Confirme (IEPC), 56-60
Processamento de Informação, 91-96

Recontar oralmente, 158-159

Tabela de Informações, 120, 122
Tabela Eu Lembro, 154, 155, 157
Tabela Eu vejo... Eu me pergunto... Eu sei..., 49, 51
Tabela IEPC, 60
Tabelas. *Ver* Formulários
Tipos Fechados, 72. *Ver também* estratégia Arranjo de Palavras

Títulos
Trabalho colaborativo em grupo
   Estratégia Cartão de Comentário com Quatro Quadros e, 106-113
   Estratégia Guia de Discussão 4-3-2-1 e, 101-105
   Estratégia Recontar por Escrito, 159
Trabalho em dupla
   Estratégia Eu Lembro e, 154
   Estratégia Recontar por Escrito e, 159
Trabalho em grupo
Trabalho em pequenos grupos

Vocabulário
   Estratégia Círculos Conceituais, 77-80